Frida Ehrenstein
Die Schlange

Frida Ehrenstein

Die Schlange

Erzählungen
und das Tagebuch eines Dienstmädchens

*Für Georgia zum Geburtstag (etwas verspätet)
Iher 18.1.05*

Verlag Uwe Laugwitz
2004

alle Rechte dieser Ausgabe beim
Verlag Uwe Laugwitz,
Buchholz in der Nordheide 2004
1. Auflage

Die Rechte am Werk Frida Ehrensteins
werden wahrgenommen von der
Jewish National & University Library,
p.o.b. 34165, Jerusalem 91341

ISBN 3-933077-14-1

Die Schlange

Ich suchte ein möbliertes Zimmer. Irgendwo an einem Haus las ich: Zimmer zu vermieten. Ich läutete, klopfte an, niemand öffnete mir. Da sah ich, daß die Türe nur angelehnt war. Ich trat ein. Ich erschrak! Eine Frau saß unbeweglich auf einem hohen Stokkerl. Sie saß nicht auf der ganzen Sitzfläche, sondern nur auf einer Kante, kerzengerade. Bewegen konnte sie nur ihren Kopf und ihre Finger. Alles andere war vollkommen erstarrt. Daß sie sprechen konnte, daß noch soviel Leben in dieser lebendigen Leiche war, wunderte mich. Ich versuchte in meinem Gesicht keinerlei Entsetzen zu zeigen und fragte sie, in welchem Teile des Hauses das möblierte Zimmer liege? Ich möge die Treppe hinaufgehen, es wäre oben. Ich stieg nachdenklich die Treppe hinan und überlegte, ob ich ein Zimmer in diesem Hause nehmen solle? Es hatte einen muffigen Geruch. Ich öffnete das Fenster. Dann ging ich zu meiner zukünftigen Wirtin und wir begannen, über das Zimmer zu unterhandeln. Wir wurden handelseins. Sie sagte mir, zum Hause gehöre ein Garten, der stünde zu meiner Verfügung. Ich ging zum Bahnhof, mein Gepäck zu holen. Auf dem Wege dahin dachte ich mir, diese Wirtin hat wenigstens den Vorteil, daß sie mich nicht jeden Tag fragen wird, wie ich geschlafen habe, wie es mir hier gefällt und ob meine Urgroßmutter noch am Leben ist.

Ich brachte mein Gepäck, räumte meine Sachen ein und ging in den Garten. Es war keiner, es war ein verwilderter Park, der ziemlich hoch anstieg. Ich versuchte mir zwischen Brombeerengestrüpp einen

Weg zu machen. Das war ziemlich schwer. Sicher war da einmal ein Weg gewesen, aber alles sah so aus wie wenn es schon seit Jahren nicht begangen worden wäre. Zur rechten Seite des Weges war ein ziemlich tiefer Abgrund, ich mußte bei jedem Schritt aufpassen. Auf einmal sah ich vor mir ein verfallenes Haus. Ich trat ein. Der Fußboden bestand aus morschen Brettern. Ich ging Mauer entlang, dem Fußboden traute ich nicht. Es war ein sehr großer Raum, links ein einsturznaher Riesenkamin, der ganze, nie ganz helle Raum hatte nur ein Fenster. Die Aussicht war zauberhaft: Man sah den Lago Maggiore. Alles grün, es war Hochsommer, merkwürdige Stille, nur hie und da zirpte eine Grille. Das Zimmer hatte einen kleinen Nebenraum, der war aber stockfinster, zufällig hatte ich eine Schachtel Streichhölzer bei mir. Ich zündete ein Streichholz an, da sah ich zu meinem Füßen eine Quelle. Wie sonderbar: in einem Haus eine Quelle. Ich ging Mauer entlang dem Ausgang zu. Plötzlich hörte ich ein Geräusch, als ob sich unter den Fußbodenbalken etwas regen würde. Es war auch schon ziemlich dunkel, ich begann mich zu fürchten. Ich ging hastig den Abhang hinab. Klopfte bei meiner Wirtin an. Ich fragte sie, wer das alte Haus früher bewohnt hätte. Sie sagte der ganze Besitz hätte einmal Weinbauern gehört, die zugrunde gingen und dann auswanderten. Ich erzählte ihr dann von dem Geräusch im alten Haus. Ja sie wisse es, das Haus habe Geräusche, unbekannt wieso und woher. Im übrigen wohne schon seit vielen, vielen Jahren niemand mehr in dem alten Haus. Dann machte sie ein Gesicht, als ob sie das Gespräch nicht fortzusetzen wünsche. Ich zog mich in mein Zimmer zurück, begann in den Büchern zu stöbern, die im Zimmer waren und zog ein Buch auf gut Glück heraus: Es war ein Spukroman. Er schilderte eine Frau, die gelähmt den ganzen Tag in Lehnstuhl saß und Unglück über jeden Menschen brachte, der mit ihr in Berührung kam. Es war schon 11 Uhr, als ich mich zu Bett legte. Ich dachte mir: hoffentlich besteht keinerlei Verwandtschaft zwischen der Romanfigur und meiner Zimmerwirtin.

In der Nacht erwachte ich, es war tageshell in meinem Zimmer, dann wurde es gleich wieder dunkel. Das wiederholte sich einigemale. Zu meiner Wirtin zu gehen, hatte ich viel zu große Angst. Mein Ausflug in das alte Haus und dann noch die Lektüre des Romanes hatten mich nicht gerade in eine heroische Stimmung versetzt. Es war mir unheimlich in dem Zimmer, ich wäre nicht erstaunt gewesen, wenn jemand plötzlich aus einer Nische des Zimmers getreten wäre und mir einfach den Hals zugedrückt hätte zur Strafe, für das verbrecherische Eindringen in die Stille des alten Hauses. Ich zog die Decke über meinen Kopf und versuchte so zu schlafen. Es gelang. Am Morgen fragte ich die Bedienerin, was für eine Bewandtnis es mit den Licht- und -dunkelwerden in meinem Zimmer hätte. Sie sagte, das Dorf sei ein Schmugglernest und der See würde die ganze Nacht mit Scheinwerfern nach Schmugglern abgesucht. Natürlicherweise fällt dann das Licht des Scheinwerfers durch das Fenster in mein Zimmer. Dann fragte sie mich, ob ich Lust hätte am Abend auf eine Tasse Tee zu ihr zu kommen. Ich sagte zu.

Das alte Haus ließ mir keine Ruh. Ich ging wieder hinauf und trat in das Haus ein. Ich vergaß den morschen Fußboden und trat auf eines der Bretter, das Brett brach und ich wäre beinahe durchgefallen, konnte mich nur mit Mühe und Not an dem Gemäuer der Wand halten und so mich hochziehen. Da erschrak ich: einige Schritte von mir ringelte sich eine Schlange an der Mauer empor. Ich suchte nach einem Stein und wollte sie damit erschlagen. Ich blieb einen Moment wie erstarrt stehen. Der Kopf der Schlange hatte starke Ähnlichkeit mit dem meiner Wirtin. Ich dachte mir, wenn ich jetzt die Schlange erschlage, stirbt meine Wirtin. Ich ließ den Stein fallen, lief den Abhang hinab – daß ich mir nicht den Kragen gebrochen habe, wundert mich noch heute.

Ich machte einen Spaziergang ins Dorf. Als ich auf der Straße ins Dorf den ersten Menschen begegnete, begann ich mich selbst auszulachen und meine maßlose Angst vor der Schlange. Abends ging ich zu der Frau, die mich zum Tee eingeladen hatte. Sie begann über meine Zimmerwirtin zu sprechen. Sie erzählte, der ganze Besitz hätte einmal dem Mann der kranken Frau gehört. Frau Grau, das wäre der Name meiner Wirtin, war früher eine gesunde, lebenslustige Frau, da erkrankte ihr Mann an Krebs, sie pflegte ihn hingebend. Er starb. Da er seine Frau sehr liebte und niemanden gönnte, vermachte er testamentarisch den ganzen Besitz einem Kinderheim. Sein übriges Vermögen verschlang seine Krankheit. Die arme Frau Grau besitzt keinen Pfennig, sie hat nur eine winzige Pension nach dem Tode ihres Mannes, mehr nur, wenn sie (hie und da) ein

Zimmer vermietet. Ich fragte die Frau nach der Krankheit von Frau Grau. Aber die wissen nicht einmal die Ärzte. Sie wird unentgeltlich von einen Arzt behandelt, den ihr Fall interessiert. Der Mann der Frau Grau liege übrigens im Keller des alten Hauses begraben. Warum gerade dort wisse niemand. Dann fragte ich die Frau, ob es in der Umgebung viele Schlangen gebe? „Ja", sagte sie „und noch dazu giftige!" Das hätte diese Bewandtnis: einige Gärten entfernt von dem Hause der Frau Grau liege ein Park, den ich mir von außen anschauen solle. Denn hinein dürfe ich sowieso nicht. Ich könnte von außen die wunderbarsten Palmen sehen, vollkommen von Schlingpflanzen überzogen, dann wieder eine Menge Unkraut und dann wieder plötzlich irgend eine wunderbare Blume. Dieser Garten gehöre einem Millionär der so geizig sei, daß er seinen Angestellten niemals erlaube das abgefallene Obst zu essen. Einmal sah er, wie einer das Verbot übertrat und eine Birne vom Boden aufhob, der wurde Knall Fall entlassen. Da der Millionär mit zunehmenden Alter immer geiziger wurde, hält es keiner lange bei ihm aus und jetzt ist es so weit, daß er niemand mehr bekommen kann. Der Garten der einmal wunderschön war ist heute eine Wildnis. Die Schlangen nehmen überhand, niemand erschlägt sie, den Garten nennen die Leute Schlangenparadies.

Inzwischen war es spät geworden, draußen war es stockfinster. Ich verabschiedete mich und ging nach Hause. In der Nacht begann es zu donnern und zu blitzen und fürchterlich zu regnen, so regnen kann es nur im Tessin. Ich dachte mir, dieser Regen muß doch das ganze Haus fortschwemmen. Dann trat plötzlich Stille ein. Das Gewitter war vorbei. Da erschrak ich. Irgend etwas kam die Treppe rauf und stieß mit einem Geräusch gegen meine Türe. Ich dachte mir, was soll ich tun, die Türe ist unverschlossen. Ich nahm meine ganze Courage zusammen, machte Licht und ging zur Türe und rief „wer da?" Niemand antwortete. Ich machte mit so viel Angst auf, daß ich kein Wort mehr herausbrachte. Draußen stand der Hund von der Frau Grau. Obwohl ich Hunde nicht mag, hätte ich ihn am liebsten umarmt. Der Hund dürfte sich gefürchtet haben und suchte bei mir Zuflucht. Er legte sich vor meinem Bett hin und ging wieder schlafen. In der Früh ging ich zu Frau Grau hinunter, wollte ihr den Hund übergeben und ihr von meinem nächtlichen Schreck erzählen. Ich klopfte an ihrer Türe, niemand rief „herein". Ich klopfte wieder und wieder, alles blieb still, totenstill. Ich trat ein; was ich sah, ließ mich für einige Sekunden vollkommen erstarren. Eine Schlange ringelte sich um den Hals der Frau Grau. Der Kopf der Schlange, der Kopf, mein Gott das war ja die Schlange, die ich im altem Haus gesehen hatte. Frau Graus Augen traten noch mehr wie gewöhnlich heraus. Der Mund wie zum schreien geöffnet. Ich lief hinaus, zum Haus der Aufwartefrau. Ich konnte nicht sprechen vor Schreck, sie mußte mich für verrückt halten. Ich machte ihr Zeichen, mir zu folgen. Ich konnte noch immer nicht sprechen, wir traten gemeinsam in das Zimmer der Frau Grau. Alles war so, wie ich es verlassen hatte. „Na, beruhigen sie sich Fräulein, da muß man eben einen Arzt holen," sagte die Aufwartefrau zu mir. Der Arzt kam, er stellte den Tod der Frau Grau fest; „die Schlange ist auch tot, das ist ja merkwürdig", sagte er. Ich erzählte ihm von dem alten Haus und von der Schlange, die ich dort gesehen hatte und ich sagte ihm, das ist dieselbe Schlange.

„Wissen sie, das wundert mich gar nicht" sagte der Arzt zu mir, „ich, der behandelnde Arzt der Frau, ich konnte mich niemals eines leisen Grauens erwehren, wenn ich das Zimmer der Frau Grau betrat. Es war nicht nur die Krankheit, es war eine grausige Atmosphäre, die Frau Grau um sich herum entwickelte. Ich kann es nicht erklären, so was spürt man, kann es aber nicht in Worte kleiden. Ich war jedenfalls immer froh, wenn ich aus dem Haus draußen war. Die Schlange hat Frau Grau auch nicht gebissen, ich habe ihren Körper ganz genau untersucht, sie ist vor Schreck gestorben. Das war sogar für Frau Grau zuviel – die Schlange, die sich da langsam an ihr emporgeringelt hat. Es ist grausam, aber wahr: der Tod den Frau Grau gestorben ist, der paßt eigentlich zu ihr. Und nun leben Sie wohl und verbringen Sie den Rest ihres Sommeraufenthaltes etwas weniger aufregend", sagte der Arzt zu mir. Was ich auch tat. Ich fuhr noch am selben Tag in den nächstgelegenen größeren Ort.

Lugano–Berlin

Ich fuhr von Lugano nach Berlin, der Schauspieler E. C. begleitete mich zum Bahnhof von Lugano und wünschte mir, ich möge doch endlich einmal etwas erleben! Er kannte mich schon seit vielen Jahren und sah mich entweder immer allein oder mit einer Freundin. Ich nahm mir vor, wirklich etwas zu erleben und sei es mit dem Lokomotivführer.

Der Zug setzte sich in Bewegung und ich harrte der Dinge, die da kommen würden. Ich war gut aufgelegt. In Basel machte mich der Schaffner aufmerksam, mit meiner Fahrkarte dritter Klasse hätte ich einige Stunden Aufenthalt in Basel. Würde ich aber auf zweite Klasse aufzahlen, hätte ich gleich Anschluß. Ich überzählte meine Barschaft, es langte nicht. Ich sagte dem Schaffner, hier haben Sie meinen Ring und meine Uhr. Borgen Sie mir darauf soviel wie ich brauche.

(Ich hatte mir inzwischen, vorgenommen, zweiter Klasse zu fahren.) Der Schaffner borgte für mich von einem Fahrgast zehn Mark, und ich schuldete somit Kaufmann M. aus Darmstadt 10 Mark. Da ich sehr schüchtern bin, war das schon für mich ein Erlebnis, aber es sollte noch besser kommen. In Frankfurt stieg ein Mann ein, um elf Uhr Nachts, der mir auf dem ersten Blick mißfiel. Aber er war zu allen Mitreisenden so höflich, daß ich mir dachte, ich täte ihm unrecht. Nächste Station stiegen alle Mitreisenden aus, nur er blieb. Wir waren allein.

Er begann von sich zu erzählen, er sei Amerikaner, verheiratet, lebe mit seiner Frau aber nicht glücklich.

Ich fragte ihn „Warum?" Ja, er schlafe gerne bei offenen Fenstern und sie bei geschlossenen und überhaupt – sie wäre eine gnädige Frau. Nur für Äußerlichkeiten. Und er wäre ein bescheidener Mensch, er liebe all die Faxen nicht. Ja, so eine Frau wie ich würde ihm gefallen.

Vor ein paar Stunden hatte ich mir vorgenommen etwas zu erleben. Also – ich gefiel ihm. Wenn ich heute an all diese Dinge zurückdenke, geniere ich mich. Nun alles kommt so, wie es kommen muß. Jedenfalls hat noch niemand das Gegenteil bewiesen.

Er küßte mich und ich küßte wieder. Er sagte mir, es wäre wunderbar daß ich in Berlin lebe, er hätte oft in Berlin zu tun. Kenne wenige Menschen dort, er würde mich immer anrufen, wenn er in Berlin wäre.

Ich glaubte ihm, da ich mir sagte, man könne einen Menschen eben so gut nach zwei Stunden kennen wie nach zwei Jahren.

Konvention – einem Menschen erst nach einigen Malen Beisammensein Intimitäten zu erlauben. So versuchte ich meine Gewissensbisse, die ich schon während des kurzen Beisammenseins mit ihm hatte, zu vernichten.

Er wußte von all meinen inneren Kämpfen nichts. Für ihn war ich eben eine Zerstreuung für die Nacht. Im Zug kann man doch so wie so nicht schlafen.

Der Zug fuhr in Berlin ein. Wir nahmen zärtlich voneinander Abschied. Er versprach, am nächsten Tag um 5 Uhr anzurufen. Daß er nicht anrufen könnte, kam mir gar nicht in den Sinn.

Ich fuhr nach Hause. Ich zählte die Stunden bis zum nächsten Tage. Und so wurde es endlich 5 Uhr

Nachmittag. Das Telefon leutet. Es war aber nicht er, der anrief, sondern meine Freundin. Sie lud mich für den Abend ein. Ich nahm an. Ich hatte den kindlichen Gedanken, vielleicht treffe ich ihn irgendwo in den Straßen von Berlin.

   Ich zog mich sehr schön an. Ich war noch immer nicht traurig. Ich dachte, er muß doch anrufen, es ist doch anders gar nicht möglich.

   Ich ging zu meiner Freundin, ich erzählte ihr nichts von meinem Erlebnis. Ich wartete Tage und ich wartete Wochen auf seinen Anruf. Da ich das Hotel wußte wo er in Berlin wohnte, rief ich dort nach Wochen an. Er kam nicht an den Apparat. Und ich hörte auch nie wieder etwas von ihm.

   Nun gehe ich wieder allein oder mit meiner Freundin.

Frau Schuhmacher

Ich wohnte in einem möblierten Zimmer bei Frau Schuhmacher in einer Seitenstraße vom Kurfürstendamm, mein Zimmer war mit viel Geschmack eingerichtet. Frau Schuhmacher war eine Frau von zirka 45 Jahren. Sie hatte eine kleine zierliche Gestalt. Ihr Gesicht hatte viel Ähnlichkeit mit dem ihres chinesischen Seidenpinschers, der ihr auf Schritt und Tritt nachzottelte.
Damals verdiente ich meinen Unterhalt mit Schürzennähen. Ich nähte von Früh bis Abends. Frau Schuhmacher bewunderte meinen Eifer. Sie fragte mich einmal, ob sie das auch wohl lernen könnte. Natürlich könne sie das. Sie fragte mich wieviel ich mir mit meinen Schürzen so im Tag verdiene, ich nannte ihr die Summe. Sie lachte herzlich. Menschenskind soviel verdiene ich in einigen Stunden Abends, als Sie den ganzen Tag. Ich fragte Frau Schuhmacher, wie sie das mache, mit was sie ihr Geld verdiene, sie sagte sie ginge am Abend aus und da bringe sie sich jemand mit. Aber manchesmal habe ich meinen Geschäft so satt, und in einem solchen Moment hätte sie mich eben gefragt was ich mir mit Schürzennähen verdiene. Dann begann sie mir aus ihren Leben zu erzählen. Als sie sehr jung war, wäre sie auch sehr schön gewesen. Man konnte ihr das ruhig glauben, ihre Gestalt war noch heute bezaubernd. Ich habe niemals vorher oder nachher in meinem Leben so eine ebenmäßige Gestalt gesehen. Ich sah sie oft nackt, da sie mit Vorliebe in der Wohnung nackt herumlief und mit 18 Jahren,

erzählte sie weiter, verliebte sich ein älterer aber vermögender Mann in mich. Wir heirateten. Verliebt war ich nicht in ihn, er war mir angenehm. Er schenkte mir viel. Da kam der Krieg, mein Mann verlor so ziemlich sein ganzes Vermögen. Wir mußten uns auf eine ganz kleine Wohnung beschränken, das ist jetzt eben diese Wohnung. Aus war es mit den Spazierfahrten im Auto, keine schönen Kleider mehr. Mein Mann litt unter der Armut mehr wie ich, aber nur aus dem Grund weil er mir nichts mehr schenken konnte und dann kam es so weit daß wir ein Zimmer vermieten mußten. Ein Musiker wurde unser Zimmerherr. Ich verliebte mich in ihn auf den ersten Blick. Er war so jung und temperamentvoll, stellen Sie sich doch vor, man lebt sein halbes Leben lang mit einem alten Mann und dann kommt so ein junger Mensch daher. Es kam so wie es kommen mußte. Ich weiß er liebte mich nicht meinen Körper fand er schön, mein Gesicht ist pfutsch ich weiß es ganz genau. Da erkrankte mein Mann schwer, er mußte ins Spital geschafft werden. Mein Mann starb, vom Totenbett meines Mannes lief ich fort, zu dem Musiker nach Hause. Es war Winter, eiskalt, der Schnee flog mir ins Gesicht. Ich hatte kein Geld für eine Elektrische. Als ich nach Hause kam, fand ich einen Brief von ihm. In dem Brief stand geschrieben, ob ich nicht auch finde, daß es das Beste wäre, er ziehe aus. Ich wäre gewiß jetzt nicht in der Stimmung ihn zu sehen. u. s. w. Dieser verdammte feige Hund. Wenn es ihn nicht störte, zu Lebzeiten meines Mannes sich mit mir ins Bett zu legen, warum jetzt, wo er tot ist. Hatte er Angst, ich würde ihm den ganzen Tag etwas vorheulen, er möge mich heiraten. So etwas bringt nur die sogenannte anständige Frau zusammen, unsereiner ist viel zu stolz dazu. Wissen Sie es wäre wunderbar, wenn man Liebe so abdrehen könnte wie einen Wasserleitungshahn. Wie kommt es, daß ein Mensch der mit Kunst zu tun hat, ein solches Schwein ist, fragte sie mich. Ich sagte ihr, wir erwarten blödsinniger Weise, daß ein Mensch der gute Musik macht, auch ein wunderbarer Mensch sein muß. Ich glaube Künstler sind Menschen, in denen alles stärker ausgeprägt ist, als in uns und außerdem sind Künstler Menschen, die selten sich selber sehen. Sie fragte mich wieso ich das wüßte. Ich bin jahrelang bei einer Schauspielerin Stubenmädchen gewesen und da habe ich jetzt vor allen Menschen die mit Kunst zu tun haben, oder gar Künstler sind, die Nase voll, so voll, wie eine Toilettfrau a. D.

Frau Schuhmacher erzählte mir weiter sie hätte eine einzige Schwester in Amerika, die eine Hühnerfarm betreibe, schon einigemale hat sie mich eingeladen, aber ich habe solche Angst, wenn ich dort hinfahre müßte ich anfangen zu arbeiten. Ich weiß wirklich nicht vor was es mir mehr graust, vor einer Lues, oder vor der Arbeit. Nun ich glaube ich werde schon bei meinen abendlichen Spaziergängen bleiben und Sie wohl bei ihren Schürzen. So ist das Leben.

Eines Tages trat Frau Schuhmacher in mein Zimmer. Wen glauben Sie habe ich heute auf der Straße getroffen, ich habe ihn wiedergesehen. Wen denn, fragte ich, den Musiker natürlich. Er war sehr nett zu mir, er scheint ein sehr schlechtes Gedächtnis zu haben für die Dinge die er mir zugefügt, und hat mich für heute Abend eingeladen. Ich gehe nur hin, um mich zu revanchieren. Zu was hat er mich überhaupt eingeladen, hat er not an Weibern? Nun der soll an diesen Abend denken. Sie werden doch keine Dummheiten machen Frau Schuhmacher, fällt mir gar nicht ein. Ich muß jetzt gehen, sie sind doch so gut und führen die Senta noch am Abend hinunter, im Falle ich in der Nacht nicht nach Hause kommen sollte.

Frau Schuhmacher kam spät Nachts nach Hause, ich war noch nicht eingeschlafen. Sie klopfte an meine Zimmertür. Ich rief herein. Entschuldigen Sie daß ich Ihnen in der Nacht auch keine Ruhe lasse aber ich muß jetzt mit einem Menschen sprechen, sonst werde ich verrückt. Es ist so merkwürdig, wissen Sie Fräulein im Grund bin ich mit ganz andern Absichten hingegangen. Ich wollte ihn niederknallen, hier ist der Revolver. Ich muß Ihnen alles von Anfang an erzählen. Wir nachtmahlten gemeinsam, dann spielte er auf seiner Geige. Zwischendurch erzählte er mir von sich, was ich die ganze Zeit gemacht habe, fragte er mich nur so nebenbei. Mit demselben Gefühl wie Sie manchesmal die Senta fragen, na mein Hundchen hast du auch Futterchen bekommen. Nun und dann, davon will ich Ihnen im Grunde erzählen. Als ich in seinen Armen lag, empfand ich nichts, wirklich nichts. Bitte sagen Sie mir doch wie ist das möglich, ich habe ihn doch so geliebt, bis zur Bewußtlosigkeit. Ist es menschenmöglich daß so etwas vergeht. Er hat meine Kälte natürlich gespürt, das hat ihn wieder gereizt. Er fragte mich was ich denn hätte, ich sagte ihm, weißt du, es ist mir so wie wenn ich auf einer Wiese stehen würde und lauter Herbstzeitlosen sind darauf und ich möchte Sommer haben. Du spinnst wohl, war seine Antwort.

Dann hat er mich gefragt wann ich wieder kommen könnte, ich sagte ihm diesen Luxus könnte ich mir nicht erlauben. Wieso Luxus, ja weißt du, bevor ich zu dir komme, müßte ich erst ins Cino gehen und eine Flasche Wein austrinken, um mich in Stimmung zu bringen. Er ist weiß vor Wut geworden. Dann verabschiedete ich mich und jetzt bin ich wieder da. Eigentlich sollte ich ja lustig sein, ich bin jetzt wirklich frei. Und ich bin doch so traurig. Nun gute Nacht. Gute Nacht.

Ich hatte das Pech an einer ziemlich starken Halsentzündung zu erkranken. Meine Freundin Julie machte so oft sie konnte einen Sprung zu mir hinauf und war so lieb, daß ich wirklich nichts entbehrte. Meine Wirtin kümmerte sich nicht um mich. Sie brachte mir nicht einmal eine Tasse Tee. Es war gerade um die Weihnachtszeit herum. Ich wunderte mich, sagte aber nichts zu ihr. Da kam sie am Weihnachtsabend herein und brachte mir einen großen Teller mit verschiedenen kleinen Bäckereien. Sie fing selbst davon zu sprechen an, warum sie sich nicht um mich kümmerte. Ich kümmerte mich aus bloßem Neid nicht um sie. Wenn ich erkranken würde, niemand würde zu mir kommen. Ich könnte krepieren, mein Hund die Senta würde vielleicht etwas mehr wie gewöhnlich bellen; weil sie dann nichts zu essen kriegen würde; das wäre alles. Aber Sie haben es doch wunderbar, Sie haben eine Freundin. Ich versuchte sie zu trösten, schließlich gelang es mir auch, mit ein paar guten Worten. Eines Tages kam sie nach Hause, sie habe jetzt einen ständigen Freund. Er ist ein bißchen dof, aber er hat Geld. Er möchte gerne daß ich seine Wirtschaft führe, aber dazu habe ich keine Lust und keine Eignung. Außerdem ist er ein schrecklicher Pedant. Er gehört zu der Sorte die den Teppich aufheben und schauen, ob darunter ausgefegt worden ist. Und Sie wissen doch, oder werden schon bemerkt haben, daß ich nicht sehr nett bin. Ich werde ihn zweimal die Woche sehen, er zahlt anständig. Wirtschafterin? Lieber gehe ich ins Kloster.

Daß Frau Schuhmacher nicht sehr nett war, wußte ich zur Genüge. Wanzen gab es in meinem Bett, nicht zu knapp, wenn Frau Schuhmacher sich einmal den Anlauf nahm, gründlich zu machen, so legte sie die Matrazen auf einen Tisch, untersuchte sie nach Wanzen. Fand natürlich auch welche. Schmiß sie am Boden und ließ sie laufen. Diese anhänglichen Tierchen krochen dann natürlich wieder in mein Bett zurück. Machte ich eine Bemerkung darüber, warum sie die Wanzen nicht einfach erschlage, so sagte sie, die leben auch gerne. Schließlich nahmen die Wanzen so überhand, daß ich dann auch welche am Küchentisch fand, wenn ich mir mein Essen zurecht machte. Das war ein bißchen viel. Unter dem Vorwand meine Großtante hätte das zeitliche gesegnet und mich zur Universalerbin gemacht, kündigte ich das Zimmer. Frau Schuhmacher war nicht sehr betrübt, denn nun hatte sie ihren beständigen und ihre unbeständigen, verfügte wieder über größere Geldmittel.

Roßkur

Ich war 37 Jahre alt geworden und lebte in Berlin.
Meine größte Sehnsucht war: Liebe erfahren!
  Mit 16 Jahren glaubte ich, es genüge jemanden zu lieben und Kraft dieses Gefühles werde man wiedergeliebt. Es gab Zeiten, wo mich überhaupt nichts interessierte – nur „er". Ich konnte nicht arbeiten, weil ich mir immer sagte „Und wenn dieser Strumpf schon gestopft ist, komme ich ihm damit einen Schritt näher?" Und so habe ich nichts gelernt. Wie langweilen mich alle Dinge. So haben mich alle Dinge bis zu meinem 37. Lebensjahr gelangweilt. Ich war desinteressiert an allen Dingen, nur Liebe wollte ich.
  Da bekam ich eine Einladung nach London. Ich konnte nicht englisch. Ich wohnte bei meinem Bruder, wir verstanden uns gut. Um mich ein wenig zu zerstreuen, machte er mich mit allen möglichen Menschen bekannt. Alle sprachen englisch und ich verstand kein Wort. Einmal war unter diesen Leuten auch ein deutsch sprechender Arzt. Er fragte mich, wie es mir in London gefiele, ich sagte: gar nicht. Und ich fragte ihn, wie es ihm denn gefalle? Er sagte, gut, denn er lebe doch schon seit vielen Jahren hier.
  Ich warf ihm einen vernichtenden Blick zu, daß er es wagte sich in London wohl zu fühlen, wo es mir doch gar nicht gefällt.
  Er sprach nichts mehr zu mir, sah mich aber sehr lieb an.
  Der Abend nahm sein Ende, wie jeder der Abende, an denen nichts besonderes passiert.

Nächsten Tag bat ich meinen Bruder, doch den Arzt wieder einzuladen. Er würde nicht kommen, gab er mir zur Antwort. Er kommt nur einmal in Jahr. Und dieses eine Mal ist nun gewesen.

Endlich nach vielen Bitten (wahrscheinlich hatte mein Bruder eine Vorahnung), lud er den Arzt, der Lion hieß, wieder ein. Er kam. Er sagte mir ein paar nette Dinge und ich, die ich so wenig Liebes von Menschen gehört hatte, fing Feuer. Ich verliebte mich. Er kam wieder und wieder. War immer nett zu mir. Ich konnte aber nicht zu ihm sprechen. Wenn ich jemand wahrhaft liebe, kann ich nicht sprechen. Am besten spreche ich mit Menschen, die mir gleichgiltig sind. Eines Tages blieb er aus. Er dachte sich wahrscheinlich, ich sei eine ganz temperamentlose Attrappe. Ich rief bei ihm an. Ich fragte, ob er ein ganz klein wenig Zeit für mich hätte? Er sagte, ich möge doch um 5 Uhr nachmittags zu ihm kommen. Er wohnte in London sehr weit von uns. Ich fuhr zu ihm; die Straßenbahn, die ich nahm, war nicht die richtige, ich stieg in eine andere. Es war schon 3/4 5 und ich war noch sehr weit von seinem Haus entfernt. Ich zählte meine paar Schillinge, die ich hatte, nahm ein Auto.

Seine Haushälterin öffnete mir, führte mich in sein Besuchszimmer. Um mich ein wenig zu sammeln, versuchte ich, in einem Buch zu lesen. Ich hielt das Buch nur, konnte aber nicht lesen. Endlich kam er. Wir sprachen über alles mögliche, sogar über Goethe. Plötzlich fragte er mich, was ich denn möchte? Ich vergesse alles, was man sagen darf und was man nicht sagen darf. „Lieben möchte ich," antwortete ich ihm. „Lieben, ich habe noch nie geliebt."

Lion sagte zu mir „Das ist ja peinlich! Wenn Sie lieben wollen, dann haben Sie doch etwas mehr Temperament! Gehen Sie mit sich um wie mit einem Penny, wie man leicht einen Penny in die Luft wirft. Etwas mehr Leichtigkeit, meine Liebe. Leben Sie doch wie eine Katze oder wie ein Hund. Denken Sie weniger und leben Sie mehr. Aber jetzt habe ich zu tun, liebes Fräulein." Und damit war ich entlassen.

Ich stand auf der Straße, wie nackt. Seither habe ich mehr keine Sehnsucht nach Liebe.

Ich suche Stellung!

Ein nebliger Tag in London. Ich suche Stellung als Dienstmädchen. Zu der Vermittlerin komme ich zu spät, es ist nur mehr ihre alte Mutter da. Ich habe noch eine Adresse aus der Zeitung bei mir in der Tasche. Ich frage den Schaffner nach dem G.-Platz. Er läßt mich bei einer falschen Station aussteigen. Vielleicht hat er mich nicht gut verstanden, meine englische Aussprache ist nicht sehr gut. Ein Passant, den ich frage, sagt mir, der 21er-Omnibus werde mich in die Nähe des Platzes bringen. Es ist bitterkalt, ich habe den ganzen Tag nichts Rechtes gegessen, mich friert, ich bin müde. Aber ich muß ja eine Stellung haben.

Der Omnibus bringt mich nach Blackheath, ich steige aus, wo man es mir gesagt hat und frage einen jungen Burschen, wo der G.-Platz ist; er sagt, daß ich in die nächste Straße einbiegen soll, dort wäre der Platz. Ich biege in die Straße ein, da sehe ich: es ist nur eine Sackgasse. Ich denke mir, hat sich heute die ganze Welt gegen mich verschworen? Ich gehe zurück, frage einen Schaffner, wo ist der G.-Platz? Er sagt mir, er wisse es nicht. Ich frage einen andern, er weiß es auch nicht. Mir ist zum Weinen, ich muß heute Abend dort hingehen. Die Annonce gefällt mir so, sicher werden mich die Leute anstellen.

Plötzlich kommt der junge Bursch, den ich zuerst gefragt habe, auf mich zu. Neben ihm steht ein Mann, der sagt zu mir: „Wir können Sie, wenn Sie uns es erlauben, über die Heide nach dem Platz führen." Ich schaue die beiden Männer mit höchsten Mißtrauen an; noch vor fünf Minuten hat mir der junge Mensch eine ganz falsche Auskunft gegeben, auf einmal weiß er, wo der Platz ist. Da plötzlich fällt mir ein: die Heide, über die sie mich da führen wollen, ist bei Nacht nicht sehr geheuer. Vor einiger Zeit ist ein Mädchen dort ermordet worden. Ich schaue die Männer mit Entsetzen an. Sie bemerken, daß ich ihnen nicht traue. Plötzlich sagt der Ältere von ihnen, wir sind von der Polizei, Sie brauchen keine Angst zu haben. Hier sehen Sie, mein Ausweis! Er zieht ein viereckiges Stück Leder aus seiner Brieftasche, auf dem steht gedruckt „Polizei". Ich denke mir, so ein Stückchen Leder kann jeder haben.

Aber die Annonce ist ja so schön, die Leute nehmen mich bestimmt, ich bin so müde, durchfroren, mir ist plötzlich alles ganz egal. Ich sage: „Bitte, führen sie mich zu dem Platz." Wir gehen über die Heide, es ist so neblig, daß der eine der Männer öfters mit seiner elektrischen Taschenlampe den sehr unebenen Weg beleuchtet, damit ich nicht stolpere. Ich denke mir: Wie galant! vielleicht eine Viertelstunde vor meinem Tode. Oder wollen sie mich bloß berauben? Geld habe ich doch keines. Ich ziehe meine Handtasche fest an mich. Die Handtasche, ein Geschenk meiner letzten Dienstgeberin, ist sehr elegant und ich habe sie sehr gerne. Wie gehen; ich neben den zwei Männern, vor uns und um uns Nebel, nichts als Nebel. Wir gehen schweigsam, vielleicht wollen sie mich doch nicht erschlagen. Ich fange ein Gespräch an. Ich sage: Als Sie mir sagten, Sie würden mir den G.-Platz zeigen, habe ich Ihnen nicht geglaubt. Kaum habe ich das ausgesprochen, denke ich mir: das ist doch das verkehrteste, was ich sagen konnte. Aber die beiden nehmen keine Notiz von meinen Worten und gehen schweigsam weiter. Wir gehen so vielleicht eine Viertelstunde über die Heide, selten geht an uns ein Mensch vorbei.

Was haben die eigentlich im Sinne? denke ich mir, Wenn sie mir die Handtasche entreißen wollten oder mir sonst etwas tun, so hätten sie schon genügend Zeit dazu gehabt. Mein Rufen wäre im Nebel verhallt. Niemand hätte mich gehört.

Plötzlich stehen wir vor einem hell erleuchteten Hause. Der Mann sagt: Das ist das Haus, das Sie suchen, Sie sind hier willkommen. Ich bedanke mich bei den zwei Männern und läute. Es vergehen einige Minuten. Warum hat der gesagt, ich sei hier willkommen, wieso weiß er das?

Ein junger blonder Mensch öffnet mir die Türe. Ich frage nach Frau R---. Er führt mich in ein Zimmer, bietet mir keinen Platz an. Kaum geht er hinaus, setze ich mich in einen Sessel, ich bin so furchtbar müde.

Da öffnet sich die Türe. Herein kommt eine Frau. Ich weiß nicht, macht das der nächtliche Gang über die Heide? Mir ist wie einer Katze, die einen Hund sieht, mir graut vor der Frau und ich weiß, ich darf mein Grauen nicht zeigen. Also versuche ich ein freundliches Gesicht zu machen. Die Frau ist hager und hat so merkwürdig stechende Augen. Die Augen sind wie zwei eiserne Nägel, mir wird noch kälter vor diesen Augen, als mir so schon ist. Sie sagt zu mir: Sind Sie flink? Ich denke mir: ich habe mir doch gleich gedacht, das ist eine Teufelin, warum fragt sie mich das zuerst? Ich bin nämlich gar nicht flink. Aber sie wartet auch gar nicht auf meine Antwort und sagt: Ich bin selbst sehr schnell und vertrage nicht, wenn man langsam ist. Der junge Mensch kommt wieder ins Zimmer hinein und klimpert mit Geld. Mir knurrt der Magen vor Hunger, und wenn sie mir die Fahrt nicht vergütet, kann ich nicht einmal irgendwohin gehen und eine Tasse Tee trinken.

Da beginnt die Frau wieder: Wenn ich Ihnen bis Dienstag nicht schreibe, dann warten sie auch nicht länger auf Antwort. Ich verabschiede mich. Als ich zum Haus draußen bin, denke ich mir: Und die Annonce war doch so schön!

Die Fahrt hat sie mir nicht zurückerstattet, ich tröste mich: ich habe noch ein Bett zum schlafen. Das macht doch nichts, daß ich so hungrig bin, ich habe noch ein Bett zum schlafen.

Ein Weekend

Pfingsten war ich bei einem Ehepaar eingeladen. Ich habe noch nie ein so deprimierendes Weekend verlebt. Ein älteres Mädchen das spät geheiratet hatte und irgendwie stolz darauf war, nicht mehr Jungfrau zu sein, das war die eine Hälfte. Die andere Hälfte ihr Mann, ein ewig besoffener Beamte, der manchesmal in seinen lichten Momenten ganz gut Gedichte vortrug. Sonst ein maßloser Egoist, er hatte einen ganz guten Gehalt, den er nur für seine Person verbrauchte. Er hatte sie geheiratet weil sie Lehrerin war, viel verdiente und vorzüglich kochte. Um sie doch irgendwie zu entschädigen titulierte er sie bei jeder passenden oder unpassenden Gelegenheit Darling oder mein Hanni. Worauf sie dann immer in ein ziemlich wieherndes Lachen ausbrach. Ich glaube wenn Pferde lachen könnten, so würde es dasselbe Geräusch machen. Also Pfingstsonntag langte ich bei diesem Ehepaar an. Es war 11 Uhr Vormittags. Nachdem wir uns gegenseitig begrüßt hatten, fragte er den ich Mr. Schöngeist nennen will, seine Frau, nun mein Darling, was haben wir heute zu Mittag. Sie zählte auf was es gab. Er zog darauf sein Gesicht in zufriedene Falten, nahm seinen Hut und seine Aktentasche und verschwand in das Wirtshaus und wollte um die und die Zeit zurück sein. Seine Aktentasche die ihn immer begleitete, enthielt alle möglichen Dinge. Gedichtbände, Zeitungsausschnitte, aus denen er vorlas. Und manchesmal so gut, daß man seinen ewigen Biergeruch und seine niemals gewaschenen Hände ganz vergaß. Sein Traum wahrscheinlich war, ein Dichter zu sein. Er hielt sich jedenfalls für einen sehr guten Menschen. Für mich war er nichts als ein Egoist. Er versoff nicht nur seinen Gehalt, sondern auch den seiner Frau.

Inzwischen war es Mittag geworden. Er erschien, sie lehnte sich an seinen mächtigen Bierbauch und versuchte ein glückliches Gesicht zu machen. Es gelang ihr nicht ganz. Nach Tisch verschlief er seinen Rausch, wir beide seine Frau und ich, wuschen gemeinsam das Geschirr ab. Dann setzten wir uns zum Kamin und tranken Tee. Mrs. Schöngeist die sich mir gegenüber arriviert vorkam, ich war für sie ein allzu bescheidenes kleines Mädchen; sie begann mir Ratschläge zu geben. Ich sollte mich doch gut anziehen und wenn mir ein Mann gefiele, mich möglichst anziehend machen. Ich weiß nicht wie man das macht.

Inzwischen hatte es begonnen leicht zu regnen. Kleine feine Tropfen fielen zu Boden. Mr. Schöngeist machte uns den Vorschlag ins Cino zu gehen. Wir nahmen unsere Mäntel und gingen. Wir stellten uns an. Endlich kamen wir daran. Das Cino mußte natürlich Mrs. Schöngeist bezahlen. Wir sahen den ausgezeichneten englischen Film ——————— —. Für ein paar Stunden vergaß ich Hanni und Darling. Leider hatte das Cino aber ein Ende. Ich hatte ein Gefühl wie ein Hund, der nicht gehen will, und den man an der Leine nach sich ziehen muß. Am liebsten wäre ich im Cino sitzen geblieben und hätte mir den Film noch einmal angeschaut. Wir gingen nach Hause. Es regnete noch immer, es war schon dunkel. Grau in grau. Zu Hause angekommen, Mr. Schöngeists erste Frage.

Nun mein Darling, was haben wir zum essen. Mrs. Schöngeist und ich verschwanden in die Küche und bereiteten das Nachtmal. Nach dem Nachtmal las uns Mr. Schöngeist aus der Zeitung vor. Dann zog sich das Ehepaar zurück. Ich nahm meinen Mantel ganz leise aus dem Korridor, die Treppe hienunter, öffnete die Türe und war auf der Straße. Befreit. Möge er sie Darling und mein Hanni nennen 100 mal. Aber ich will es nicht mehr hören.

Nur die Nacht gehört mir
Das Tagebuch eines Dienstmädchens

I

Es war 5.00 Uhr nachmittags, als ich das Haus betrat und Madam mir mein Zimmer zeigte. Sie zündete eine Kerze an. Mein Mut sank.
„Haben Sie hier kein elektrisches Licht, Madam?" fragte ich. „Oh ja, die Leuchten sind da, sie sind nur zur Zeit nicht angeschlossen."
Sie sagte nicht, ob das überhaupt geschehen würde.
Als ich allein war, um meine Sachen auszupacken, mußte ich zum Bett gucken... Nein, das Bettzeug war nicht sauber...
Sollte ich auf der Stelle wieder weggehen? Vielleicht wäre es besser, ich bliebe diese Woche.
Also ging ich die drei Treppen zur Küche hinunter. Madam suchte gerade das Eßgeschirr heraus, das ich benutzen sollte: zwei Tassen und zwei Teller, beides angestoßen.
Was kommt als nächstes?
Nachts kletterte ich die Treppen hoch ins Bett. Der Wasserkrug war leer.
Ich war zu müde, um gleich wieder in die Küche hinunterzugehen und den Krug zu füllen; die Stufen waren so steil.
Um 6 Uhr am nächsten Morgen stand ich auf, zog mich an und ging hinunter in die Küche. Als ich den Rolladen hochzog, fühlte ich, daß Madam hinter mir stand. Ich drehte mich um, um Guten Morgen zu sagen. Was für ein hartes Gesicht, dachte ich. Viel-

leicht hatte sie eine Menge Probleme. Das macht manche weich, andere aber hart.

Nachdem ich den Heizkessel in der Küche gesäubert hatte, zündete Madam eine Kerze an und gab mir alte Zeitungen und eine Schaufel. Ich mußte die Kohle aus dem Keller holen. Da die Kohle naß war, mußte ich sie in der Zeitung hochtragen und den Kohleeimer später füllen. Drei Ladungen würden wohl für einen Tag reichen.

Als nächstes mußte ich die Küche sauber machen. Es war kaum hell, doch Madam hatte das elektrische Licht ausgestellt. Ich bemühte mich, alles schön ordentlich zu putzen, doch ich konnte nur die Hälfte von dem sehen, was ich tat.

Als ich mit dem Bohnern der Halle fertig war, war ich froh.

„So geht es nicht" sagte Madam nach einem flüchtigen Blick auf den Boden, „Sie müssen sich schon etwas mehr anstrengen."

So bohnerte ich noch einmal. Als ich gerade fertig war, rieb Madam ihre Hand am Boden. „Schauen Sie, dieser Fußboden ist immer noch nicht anständig gebohnert."

Was blieb mir anderes übrig, als noch einmal von vorne zu beginnen.

Ich fühlte mich fremd und einsam, als ich in der Küche frühstückte. Immer noch kam kaum Licht in die Küche. Alles was ich vom Fenster aus sehen konnte, war die graue Wand des Nachbarhauses. Irgendwie konnte ich nichts essen.

Nach dem Abwasch ging ich mit Madam hoch, um das Schlafzimmer zu machen. Zuerst gab sie mir ein paar Läufer zum Klopfen. Sie waren wirklich ziemlich staubig.

Auch egal, dachte ich. Im Heizkessel ist viel heißes Wasser und heute abend kann ich schön baden.

Dann zeigte mir Madam, wie ich die Teppiche mit einem harten Besen fegen und die Innenkante mit Bürste und Kehrblech reinigen sollte.

Ich mußte ziemlich viel knien, der Staub kroch in meine Kleider — aber die Fenster blieben zu.

Staub — Staub — Staub. Ich bekam eine große Menge davon ab. Schließlich war das Zimmer fertig.

Ein anderes folgte — dann wieder eins.

Um 12 Uhr mußte ich Kartoffeln schälen.

„Sie müssen sie aber dünner als diese hier schälen!"

„Jawohl, Madam".

Ich deckte für zwei Personen den Tisch. Als ich mir meine Portion aus dem Eßzimmer holte, war ich zu niedergeschlagen, um viel zu essen. Ich war es nicht gewohnt, allein am Tisch zu sitzen, ohne mit jemandem zu reden. Na ja — ich muß eben an Donnerstag denken, wenn ich meinen freien Nachmittag habe.

Anschließend mußte ich bügeln, Tee vorbereiten.

Nach dem Abendbrot fragte ich, ob ich ein Bad nehmen dürfte.

„Nein" war die Antwort. (Ich glaube, ich werde niemals den furchtbaren harten Klang von diesem „Nein" vergessen). „Keinem Dienstmädchen in unserem Haus ist es erlaubt, das Badezimmer zu benutzen."

„Aber Madam, ich bin so staubig von der Arbeit."

„Also, wir haben viel heißes Wasser. Füllen Sie sich ihren Krug und Sie können sich gut in ihrer Schüssel waschen."

Ich schleppte mir Wasser in mein Zimmer und beschloß, am Ende der Woche zu gehen.

Als ich am nächsten Morgen kündigte, fragte mich Madam, ob ich bleiben würde, wenn ich baden könnte.

Ich bejahte es.

„Dann erlaube ich Ihnen, einmal in der Woche zu baden", sagte sie.

„Nicht zweimal?" bat ich. „Ich werde so staubig vom Saubermachen, Madam. Und im Keller ist auch soviel Staub."

„Nur einmal in der Woche" — und das war ihr letztes Wort.

Ich zündete ein Streichholz an, um meine Kerze anzustecken — für meine Reise in den Keller.

Plötzlich tauchte Madam neben mir auf (sie trug Gummisohlen). „Verschwenden Sie doch nicht die Streichhölzer. Nehmen Sie ein Stück Zeitungspapier, rollen Sie es zu einem Fidibus auf und nehmen Sie das Feuer aus dem Kessel."

Es dauerte ziemlich lange, aber zuletzt klappte es, die Kerze brannte und ich begann, die Kellertreppe — die ich anschließend *gründlich* sauber machen mußte — hinab und hinauf zu steigen.

Später half Madam mir beim Saubermachen des Eßzimmers. Als der Staub vom Fußboden aufstieg, öffnete ich das Fenster ein wenig, aber Madam schloß es gleich wieder — es sei sehr windig draußen.

Ich bereitete das Abendessen vor... Als alles aufgeräumt war und das Geschirr abgewaschen, holte ich meine Wasserkrüge herunter, füllte sie und nahm sie mit in mein Zimmer. Ich fing an mich zu waschen.

Kerzenlicht soll romantisch sein, oder? Aber ich fand es kein bißchen romantisch. Etwas Wasser schwappte aus dem Becken auf den Fußboden. Ich wagte nicht, hinunter in die Küche zu gehen, um mir einen Lappen zu holen, bestimmt käme Madam aus ihrem Zimmer auf dem nächsten Flur herausgeschossen. Ich mußte ein Paar Seidenstrümpfe nehmen, um es aufzuwischen.

Donnerstag — mein freier Nachmittag. Noch nie habe ich das Mittagsgeschirr so schnell abgewaschen!

Ich liebe Kuchen und Pasteten, doch heute mochte ich keine. Ich dachte immer nur an das Haus, in das ich geraten war. Obschon ich im Kino dann alles vergaß...

Als ich zurückkam, klopfte ich einige Male an die Tür. Dann bewegte sich der Vorhang ein bißchen am Fenster, ein Gesicht guckte heraus, drehte sich weg und dann eine oder zwei Minuten später hatte Madam die Tür geöffnet.

In meinem Zimmer war jetzt tatsächlich elektrisches Licht. Nicht gerade stark, aber immerhin etwas. Trotzdem sagte ich ihr, daß ich am Freitag gehen müßte.

„Sie würden eine vollständige Ausbildung erhalten, wenn Sie bleiben", sagte sie nur.

Eine Ausbildung als Scheuerfrau, dachte ich, als ich das Wohnzimmer putzte. Dies war das beste Zimmer im Haus, trotzdem durfte ich kein Fenster öffnen, so daß der Staub von den Teppichen und aus den Kissen überall herumflog. Wie gerne würde ich alle Fenster und Türen des Hauses öffnen und ein bißchen frische

Luft in den verstaubten Geist von Madam lassen. Sie war so muffig wie das ganze Haus.

Auf meiner letzten Arbeit bin ich wie ein Mensch behandelt worden. Ich konnte sogar am Morgen — während der Arbeit — das Radio anstellen. Auch das Kochen war schön. Hier mußte ich um jede Kleinigkeit kämpfen. Es war es nicht wert, bestimmt nicht. Mädchen würden kommen und gehen, aber auch wenn sich die Zeiten ändern, Madam würde es nie tun.

Am Sonnabend gab mir Madam den Auftrag, genug Kohle aus dem Keller zu holen, so daß ich nicht am Sonntag hinunter müßte. Also ging ich sechsmal anstatt viermal rauf und runter und füllte Eimer und Kübel. Dies war ein besonderer Hausputztag — Staub fiel überall hin. Ich säuberte die ganzen Treppen von oben bis unten — einschließlich der Kellertreppe. Es schien, als würde der Tag niemals enden.

Am Sonntagmorgen durfte ich eine halbe Stunde länger im Bett bleiben. Als ich hinunter kam, war Madam bereit für die Kirche.

„Wir haben nicht genug Kohle", sagte sie mir. „Sie holen besser noch welche!"

Um 6 Uhr am Abend bekam ich frei. Es war allerdings zu spät fürs Kino. So schlenderte ich durch die Straßen und war froh, andere Gesichter als nur das von Madam zu sehen. Dann konnte ich nicht mehr weitergehen. Ich setzte mich in ein Café, wo ich eine Tasse Tee und zwei Stück Kuchen bestellte. Ich wagte nicht, viel auszugeben, denn am Dienstag würde ich ohne Arbeit sein. Solch eine *gute* Stelle, hatten sie mir in der Agentur gesagt.

Madam bat mich erneut, zu bleiben. „Wir kommen doch so gut miteinander zurecht."

Ja, ich war immer so höflich. Wie ein Pantoffelheld, der immer nur zustimmt. „Ja, mein Liebling" ist genau das gleiche wie das „Ja, Madam" und „Nein, Madam" von einem Dienstmädchen und versteckt genau so viel Gefühle.

Ich hatte keine Zeit, mein Zimmer während der Woche zu reinigen, doch ich schaffte es am Montag. Immerhin sollte die Neue, wer immer es auch sein mochte, ein frisches, sauberes Zimmer vorfinden. Dann holte ich Kohle, wischte die Treppen, machte die anderen Zimmer sauber, eins nach dem anderen vom Boden bis zur Decke, deckte den Tisch, wartete auf den Gong, der mich rief, um abzudecken, wusch ab, stellte die Teller auf die Anrichte, reinigte mein Gesicht, bereitete Tee, schnitt Brot und Butter... Nach dem Tee konnte ich packen. Von Natur aus ordentlich, war ich es jetzt kein bißchen. Ich stopfte alles so schnell es ging in meinen Koffer — zog meine Straßenkleider an und ging diese Treppen zum letzten mal hinunter.

II

Hier bin ich also wieder zur Untermiete — arbeitslos. Ich hatte mein altes Zimmer. Ich fühlte mich fast wie zu Hause. Ich badete und wusch alle meine Sachen, die ich bei der scheußlichen Arbeit getragen hatte. — Am besten, ich vergesse es; vielleicht habe ich das nächste Mal mehr Glück.

Am nächsten Tag ging ich zur Agentur; sie hatten

nicht eine Adresse für mich. Ich sollte am nächsten Tag wiederkommen.

Ich nahm den Bus zum Hyde-Park. Wie schön dieser Park ist. Ich wünschte, ich wäre wie ein großer, starker Baum; der Wind und die Sonne könnten mit meinen Blättern spielen und ich schaute den ganzen Tag in den Himmel; ich glaube nicht, daß ich es jemals über haben würde, die vorbeiziehenden Wolken zu betrachten und mir Figuren und Menschen auszudenken.

Ein Mann saß neben mir. Er begann mit mir zu sprechen — ich antwortete. Ich war so schüchtern wie immer, wenn ich mit einem Mann redete. Er erzählte mir, er wäre Amerikaner und verheiratet, aber er wäre nicht glücklich verheiratet. Ich fragte warum. Er schlief gern bei offenem Fenster und seine Frau lieber mit geschlossenem; sie hatte nur Freude an Vergnügungen, am Tanzen, stundenlangen Schaufenster gucken usw. Er suchte einen ernsthafteren Menschen. Er mochte mich vom ersten Augenblick an.

Ich verstehe nicht, wie jemand einen anderen bereits nach 5 Minuten mögen kann. Manchmal ist es so schön, einem Menschen zu glauben und alles für wahr zu halten. Ich bin doch nur eine Frau und er würde doch nicht einfach seinen Vorteil in einem armen Teufel wie mir suchen? Wenn ich an die Dinge denke, die in der nächsten halben Stunde passierten, dann schäme ich mich. Er küßte mich und ich küßte ihn. Er sagte, es wäre so schön, daß ich in London wohnte. Er kannte so wenig Menschen, er würde mich anrufen. Das ist großartig, sagte ich zu mir selbst. Wenn ich wieder eine Arbeit hätte, dann kann ich ihn wiedertreffen, wir können miteinander reden, und wenn er mich berührte, dann hätte ich keinen anderen Wunsch, als ihm nahe zu sein.

Ich glaubte ihm jedes Wort, was er in dieser halben Stunde sagte. Oder war es vielleicht ein bißchen länger?

Es ist doch nur Konvention, die sagt, daß man einem Mann nicht erlauben darf, einen nach 30minütiger Bekanntschaft zu küssen. Damit versuchte ich mein Gewissen zu beruhigen.

Er wußte nicht, was in mir vorging. Für ihn war ich nur ein Vergnügen. Dann sagte er: „Es tut mir leid, aber ich muß jetzt gehen". Er küßte mich zum Abschied und erzählte mir, daß er nun ein Geschäftstreffen hätte und er würde mich morgen um 5 Uhr anrufen und wir könnten den ganzen Abend zusammen verbringen.

Ich ging zurück zu meinem Zimmer, ich zählte die Stunden zum nächsten Tag. Ich ging noch nicht einmal zur Agentur, falls er eher anrufen würde. Schließlich war es 5 Uhr. Das Telefon klingelte. Ich beeilte mich, den Hörer abzunehmen. Aber er war es nicht, es war eine Dame, die meine Adresse von der Agentur hatte und mich sehen wollte. Ob ich jetzt kommen und mich bei ihr vorstellen könnte? Ich sagte nein, ich käme morgen. Ich wartete immer noch auf den Anruf. Nun fiel mir ein, daß ich weder seinen Namen noch seine Adresse wußte. Ich sagte zu mir: er will mich anrufen; aber vielleicht hat er meine Telefonnummer verloren. Ich weiß, was ich tue. Ich nehme den Bus zum Hyde-Park. Gewiß finde ich die Bank, auf der wir gesessen haben; vielleicht ist er da.

Ich fuhr zum Hyde-Park; ich wartete und wartete. Schließlich ging ich traurig nach Hause. Gestern war ich sehr glücklich und heute fühlte ich, daß für mich die Sonne nicht mehr scheinen würde. Und morgen muß ich mich vorstellen. Ich wünschte, der nächste Morgen würde niemals kommen. Aber er kam. Muß ich aufstehen? Muß ich zu dieser Dame gehen? Warum. Ich bin so müde, ich konnte die ganze Nacht nicht schlafen, es wird ein neues Gespräch geben; sie wird mich ins Empfangszimmer bitten. Das werde ich nie verstehen: Warum bitten alle Hausherrinnen das Dienstmädchen, wenn sie zum Vorstellen kommt, ins Empfangszimmer? Das Dienstmädchen lebt in der Küche, warum wird sie nicht dorthin gebeten. Wenn eine Hausherrin einen Brief an ein Dienstmädchen schreibt, beginnt sie immer mit „Sehr geehrte Madam..." Wenn ich eine neue Arbeit beginne, ist mein Vorname das erste, wonach die Hausherrin fragt — aber ich muß sie „Madam" nennen.

Ich weiß, ich bin heute verbittert, doch wie könnte ich mich anders fühlen. Erst diese abscheuliche Arbeit, dann das Abenteuer im Hyde-Park — und nun bin ich arbeitslos. Und wie wird meine nächste Stelle werden? Wenn ich mein Leben lang in Stellung sein muß, dann könnte ich genauso gut tot sein.

In dieser wirklich düsteren Stimmung ging ich los, um diese Dame zu treffen, die mich gestern angerufen hat. Ich konnte die Straße, in der sie wohnte, nicht finden. Vielleicht höre ich immer nur halb zu, wenn Menschen mir erklären, wie man irgendwo hinkommt. Ich fühlte mich so müde. Der Gedanke, daß ich in ein oder zwei Tagen eine neue Stellung beginne, neue Menschen treffen werde, brachte mich beinahe zum Weinen. Aber ich darf nicht weinen, ich muß glücklich aussehen.

Zuletzt fand ich das Haus, in der die Dame auf mich wartete. Ich klopfte. Ein sehr hübsches Mädchen von ungefähr 12 Jahren öffnete mir die Tür. Vielleicht die Tochter? Sie zeigte mir den Weg zum Speisezimmer. Ich setzte mich. Vier kleine Kätzchen spielten um den Kamin herum. Die Hausherrin kam. Ich stand auf. Sie fragte nicht viel, nur ob ich frei wäre und die neue Stellung so bald wie möglich beginnen könnte. Ich antwortete: „Ja, ich stehe zur Verfügung, ich kann zu jeder Zeit beginnen." So verabredeten wir, daß ich am nächsten Abend kommen sollte.

Ich ging zurück in mein Zimmer. Ich werde in dieser Stellung glücklicher sein als in meiner letzten. Ich packte meine Sachen.

Am nächsten Tag um 5 Uhr erinnerte ich mich an sein Versprechen, mich anzurufen. Ich fürchte, ich werde noch lange an dieses verrückte Abenteuer zurückdenken. Ich bin nicht das erste Mädchen, das einem Mann nach den ersten Augenblicken glaubt, und ich werde nicht das letzte sein. Egal. Nun muß ich an meine neue Arbeit denken.

Ich ging zu meiner neuen Stellung. Die Hausherrin zeigte mir mein Zimmer. Es war sehr klein, aber sauber. Das Bett hatte ein handgebügeltes Bettuch. Sie sagte mir, daß sie mir das Haus am nächsten Morgen zeigen werde. Ihr Name war Brown. Sie lebte zusammen mit ihrem Ehemann und ihrer Tochter.

Am Morgen ging ich herunter in die Küche. Die Küche war sehr groß, dunkel und vernachlässigt.

Vielleicht war dies der Grund, warum sie beim Vorstellungsgespräch nicht so viel gefragt hat. Möglicherweise hatte sie seit längerer Zeit kein Dienstmädchen. Ich wunderte mich, warum.

Mrs. Brown kam herunter. Sie erklärte mir den Umgang mit dem Kessel, und dann machte ich Frühstück. Bald gewöhnte ich mich an die tägliche Routine. Zweimal in der Woche kam eine Frau für die grobe Arbeit. Diese Stelle fing an, mir zu gefallen. Mrs. Brown war immer sehr freundlich zu mir. Zu ihrem Mann schien sie kein besonders gutes Verhältnis zu haben. Einmal sagte sie zu mir: „Am liebsten würde ich alle jungen Mädchen warnen, nicht zu viel vom Eheleben zu erwarten. Es ist so traurig, wenn man jung ist und erwartet so viel vom Leben und wird dann enttäuscht." Mehr sagte sie nicht. Es war ihr egal, ob ihr Ehemann zuhause war oder nicht. Ich bemerkte nicht einmal, daß sie mit ihm sprach. Trotzdem — sie waren beide sehr nette Menschen. Ich weiß nicht, warum man immer den falschen heiratet. Es gibt ein Sprichwort, das heißt: Ehen werden im Himmel geschlossen. Aber ich bin nicht sicher, daß sie es wirklich werden.

Der Kessel machte mir viel Mühe und auch die Kätzchen. Jeden Morgen, wenn ich herunter kam, herrschte dort ein Durcheinander. Ich sagte zu Mrs. Brown, daß die Katzen sehr viel Schmutz machten. Sie sagte: „Aber sie sind so entzückend." Ich glaube nicht, daß sie sie entzückend finden würde, wenn sie immer hinter ihnen her putzen müßte. Der Kessel war eine Plage. Er qualmte, manchmal war der Kessel am Morgen aus. Ich wußte nicht, was ich zuerst machen sollte, ich mußte Feuer machen, das Eßzimmer wischen und abstauben, den Dreck von den entzückenden Kätzchen aufwischen und das Frühstück um 8 Uhr fertig haben. Sie trank Tee, er Kaffee und beide wollten immer etwas Warmes zum Frühstück. Ich war froh, mich hinzusetzen und selbst eine Tasse Tee zu trinken.

Ich weiß nicht warum, aber obgleich ich alle meine Stellen mit wirklich gutem Willen beginne, werde ich nach einer gewissen Zeit müde. Liegt es daran, daß ein Dienstmädchen von 7 Uhr morgens an bis 21 Uhr am Abend arbeiten muß? Ich denke, Hausherrinnen und Dienstmädchen wären viel glücklicher mit einem mittäglichen Lunch und einem ordentlichen Abendessen so gegen 5 Uhr, so daß das Dienstmädchen gegen 6 Uhr frei haben könnte. Jede Verkäuferin hat ihren Abend frei, warum nicht ein Dienstmädchen. Und diese zwei freien Nachmittage? Ich fühle mich wie ein Hund an der Leine. An diesen freien Nachmittagen ist die Leine ein bißchen lockerer, aber ich bin immer noch an der Leine, denn wenn ich nach Hause komme, dann kann ich nicht einfach in mein Zimmer gehen: ich muß mich um den Kessel kümmern. Es dauert nicht lange, aber ich wäre froh, wenn ich die Küche nicht sehen müßte. Niemals einen ganzen Sonntag frei. Vielleicht würde sie mir — wenn ich fragen würde — den Sonntag frei geben; aber ich bitte nicht gern um etwas, was selbstverständlich wäre. Ist denn die Arbeit eines Hausangestellten weniger wert als andere Arbeit? Aber wenn es nicht so ist, warum muß sie dann fast doppelt so viele Stunden arbeiten wie jemand anderes. Eine der Arbeiten ist es, Essen zu kochen. Ich muß sagen, ich koche gut. Gut zubereitetes Essen bereitet so viel Vergnügen wie ein Buch zu lesen oder ein Gemälde zu betrachten; und wie es auch sei, keiner kann ohne Essen leben. Ich muß schon sagen, es gibt wenig Gerechtigkeit in der Welt.

In diesem Augenblick rief mich Mrs. Brown ins Eßzimmer und sagte mir, daß ich die Treppen nicht abgestaubt hätte. So nahm ich mein Staubtuch und ging, um die Treppen zu säubern.

Mr. Brown fragte Mrs. Brown, ob sie Lust hätte, mit ihm in die Stadt zu gehen und eine Tasse Kaffee zu trinken. Sie antwortete noch nicht einmal. Ich wünschte, jemand würde mich das am Vormittag fragen. Wie sehr ich das genießen würde, weiß keiner außer mir selbst. Er ging allein. Als ich mit den Treppen fertig war, begann ich, Mittag zu kochen. Und heute ist mein freier Nachmittag. Mrs. Brown half mir oft, das Geschirr und das Besteck abzutrocknen, damit ich so schnell wie möglich weggehen konnte.

Ich ging ins Kino, dann trank ich Tee und danach ging ich wieder nach Hause. Mrs. Brown fragte mich, ob ich mich amüsiert hatte. Ich sagte, ich wäre im Kino gewesen und fing an, davon zu erzählen. Aber irgendwie merkte ich, daß sie nur mit halbem Ohr zuhörte. So ging ich in mein Zimmer. Es muß schön sein, zu jemandem nach Hause zu kommen, der sich wirklich für einen interessiert. Diese Arbeiten machen einen heimatlos, man hat kein Zuhause, nur Räume. Räume zum Saubermachen. Wie viele Hausmädchen waren vor mir hier und wie viele werden noch hier sein, wenn ich gegangen bin? Es ist auch egal. Es ist erst 19.30 und ich kann bis 22 Uhr lesen.

Der nächste Tag war ein Freitag. Mrs. Collins, die Putzfrau, kam, um mir bei der groben Arbeit zu helfen. Jedesmal genoß ich ihre Gesellschaft. Sie war eine nette Frau. Sie lud mich ein, sie am nächsten Sonntagnachmittag zu besuchen.

Mrs. Brown hatte viele Gäste. Aber sie ging niemals fort. Ich mußte immer kochen, abwaschen, Gemüse putzen, Nachtisch machen. Einmal taten meine Beine so weh, daß ich mich entschloß, nicht aufzustehen und im Bett zu bleiben. Ich wußte, daß es ein schreckliches Verbrechen ist, wenn ein Dienstmädchen krank ist und im Bett bleibt. An diesen Tag, glaube ich, werde ich mich erinnern, bis ich sterbe. Ungefähr um 9 klopfte jemand an meine Tür. Mrs. Brown kam in den Raum mit einem ganz merkwürdigen Gesicht. „Warum stehen Sie nicht auf?" sagte sie. „Weil meine Beine so weh tun", antwortete ich. „Meine Beine tun oft weh, aber ich bin noch nie im Bett geblieben", sagte Mrs. Brown. Ich antwortete nicht, daß es einen kleinen Unterschied zwischen meiner Arbeit und ihrer gäbe; sie tat ja den ganzen langen Tag nichts außer Einladungen an ihre Freunde zu schreiben. Ich sagte nichts, ich war wirklich verletzt. Ich arbeitete von halb sieben im Morgen bis um halb neun abends, so bin ich. Und wenn ich einmal morgens nicht aufstehe...

Sie verließ den Raum. Ich drehte mein Gesicht zur Wand und weinte. Ich schämte mich so, daß solch eine Frau mich zum Weinen bringen konnte. In dieser Stellung wollte ich nicht länger bleiben, ich konnte es nicht. Ich wechsle immer nach einigen Monaten, es ist mir egal. Die einzige Zeit, in der ich mich wirklich als Mensch fühle ist, wenn ich arbeitslos bin.

Die Ladies, für die ich arbeite, sind nicht wirklich Ladies. Ich habe niemals solche schlimmen Frauen unter armen Menschen getroffen. Die Ladies haben ein gutes Benehmen, sie lächeln immer, mehr oder weniger künstlich, aber ihre Herzen sind aus Stahl.

Am nächsten Morgen stand ich auf und ich fühlte mich sehr traurig. Ich tat meine Arbeit. Mrs. Brown war sehr freundlich zu mir, aber ich konnte nicht vergessen, was gestern gewesen war.

Am Sonntag nachmittag ging ich aus und traf Mrs. Collins. Sie lebte mit ihrem Ehemann und drei erwachsenen Töchtern. Sie hatte ein wirklich herrliches Mahl für mich vorbereitet, einige Kuchen, Brötchen, Brot und Butter. Ich hab mich sehr amüsiert.

Ich erzählte ihr, daß ich gestern im Bett geblieben bin und daß Mrs. Brown sehr böse mit mir war.

„Warum suchen Sie sich nicht eine Arbeit als Putzfrau?" fragte mich Mrs. Collins, „Sie würden sich viel glücklicher fühlen. Sie könnten um 9 Uhr beginnen und hörten um 5 oder 6 Uhr auf. Den ganzen Abend hätten Sie für sich selbst. Jetzt arbeiten Sie bis 9 Uhr abends und am Ende sind Sie hundemüde. Sie brauchen mir nichts zu erzählen, ich war selbst Dienstmädchen. Ich erinnere mich an meine freien Nachmittage; wenn ich dann nachts nach Hause kam, wünschte ich, ich hätte eine Leiter und könnte in mein Zimmer gehen, ohne gesehen zu werden. Man hat seinen Arbeitgeber so über, denn man sieht ihn den ganzen langen Tag lang und auch, wenn man abends nach Hause kommt. Sie können freundliche Menschen sein, aber es ist einfach zu viel. Wenn der Abend kommt, zählt man die Minuten, bis man frei ist, die Tür zu seinem einen Zimmer zumachen und durchatmen kann. In erinnere mich an alles so, als wäre es erst ein paar Tage vorbei", erzählte Mrs. Collins, „und ich bin jetzt schon seit fast zwanzig Jahren verheiratet."

Ich fragte Mrs. Collins, ob sie glücklich sei.

„Ja, ganz glücklich. Ich habe einen guten Ehemann. Als ich verlobt war, wissen Sie, fühlte ich mich so traurig, wenn er ging, auf Wiedersehen sagen mußte und mich an der Türschwelle verließ. Nun wünsche ich — natürlich nicht immer, aber manchmal — er würde mich an der Türschwelle verlassen, wenn wir zusammen nach Hause kommen. Ja, Leben ist eine komische Sache — denken Sie nicht auch so, Toni? Sehen Sie sich die Browns an. Er ist ein netter Mensch. Trotzdem redet sie nur mit ihm, wenn sie etwas Geld braucht. Einige Männer sind verrückt, oder ihre Abneigung gegen einen Skandal ist so groß, daß sie lieber mit einer Frau zusammen leben, die sich nicht für sie interessiert. Toni, nehmen Sie meinen Rat an, wenn Sie wechseln, nehmen Sie eine Arbeit, versuchen Sie es."

Der nächste Tag war ein Montag. Der Heizkessel war aus. Ich beschwor ihn, aber ich konnte ihn nicht wieder zum Brennen bringen. Er wollte ausgekehrt werden. Am Ende brannte er. Ich war sehr spät dran mit dem Frühstück. Ich dachte daran, eine Arbeit zu suchen, aber ich konnte gerade jetzt nicht wechseln.

Letzte Woche habe ich mir ein marineblaues Kleid auf Ratenzahlung gekauft, meine Schuhe sind auch schon sehr abgetragen, ich muß erst damit klarkommen. So sehr wie ich mich daran gewöhnt hatte, Mrs. Brown gern zu mögen, ich konnte sie nicht mehr vertragen seit dem Tag, als ich im Bett lag und sie so ärgerlich mit mir war. Vielleicht erwarte ich immer zu viel von den anderen Menschen. Eigentlich sind sie nur menschlich zu ihresgleichen und manchmal nicht einmal zu denen. Ich schaffte die Arbeit ganz gut, als es mir gut ging, nun aber begann ich, mich müde und erschöpft zu fühlen. Am Morgen, wenn ich um sechs Uhr aufwachte, fing ich an, die Minuten bis halb sieben zu zählen, dann mußte ich aufstehen. Wie schön würde es sein, wenn ich einfach einen ganzen Morgen im Bett bleiben könnte. Nur einmal die Woche. Steht es nicht in der Bibel geschrieben: Nur an sechs Tagen sollst du arbeiten? Oder gilt das nicht für Hausmädchen? Ich bin ganz sicher, Moses wollte nicht diesen ganzen Unsinn am Sabbat. Porridge, gebratene Eier, Marmelade und was noch?

Ich begann, nach einer Arbeit zu suchen; vielleicht werde ich glücklicher werden. Die Agentur gab mir die Adresse von einem Hotel. Ich ging an einem meiner freien Nachmittage dahin. Das Mädchen, das mir die Tür öffnete, sah nicht besonders gut aus, aber sie guckte sehr freundlich. Ich sagte, ich käme wegen der Stelle als Stubenmädchen. Sie sagte, daß Madam nicht da wäre, aber ich könnte später wiederkommen, so gegen 5 Uhr. Ich versprach, gegen 5 zu kommen. Ich würde nicht viel von meinem freien Nachmittag haben — egal, ich werde ein oder zwei Tage für mich selbst haben, bevor ich meine neue Arbeit beginne.

Als ich gegen fünf kam, war Madam da. Ein anderes Mädchen, nicht diejenige, die das erstemal die Tür aufgemacht hatte, führte mich zu Madam.

Sie war eine sehr dicke Frau und saß in ihrem Schlafzimmer, das mit Möbeln überfüllt war. Ich wunderte mich, wieso manche Menschen so viele Dinge brauchten. Sie hingen an ihnen wie ein Hund an seinem Knochen und mochten sich von keinem trennen.

Madam fragte mich, ob ich schon einmal in einem Hotel gewesen wäre. Ich sagte nein.

Sie sagte: „Ich mag es nicht, Menschen auszubilden."

Ich antwortete: „Bisher habe ich jede Arbeit geschafft, die ich hatte. Ich denke, hier wird es genauso werden."

So verabredeten wir, daß ich in 14 Tagen anfangen würde. Das Gehalt war gering, aber sie sagte, ich würde einige Trinkgelder bekommen. Meine Arbeitszeiten waren von 8 bis 2 und von 5 bis 8.30 am Abend, und drei freie Nachmittage in der Woche. Keinen ganzen Tag frei. Da erinnerte ich mich, daß ich eigentlich eine Arbeit wollte, wo ich um fünf aufhörte und die Abende frei hätte. Aber egal: ich haßte Vorstellungsgespräche so sehr, daß ich immer die erste Arbeit nahm, die sich anbot. Ich denke nicht, daß ich jemals auf einen grünen Zweig kommen werde.

In dieser nicht besonders fröhlichen Stimmung ging ich nach Hause. Auf dem Nachhauseweg traf ich meine Wirtin und ich fragte sie, ob ich mein altes

Zimmer wieder haben könnte, diesmal auf Dauer, da ich jetzt als Zugehfrau arbeiten werde. Sie sagte ja und wünschte mir viel Glück für meine neue Arbeit.

Ich frage mich, ob ich wohl jemals lange in der selben Stellung bleiben werde. Bei Mrs. Brown war ich fünf Monate, es scheint mir wie fünf Jahre. Aber egal, ich darf die Hoffnung nicht aufgeben. Eines Tages werde ich eine nette Lady finden, nett und freundlich wie Mrs. Collins, unsere Putzfrau. Oder haben nur arme Menschen ein Herz?

Am nächsten Morgen sagte ich Mrs. Brown, daß ich in zwölf Tagen gehen werde.

„Aber ich werde Ihnen viel mehr Freizeit geben, bitte bleiben Sie doch. Sie können um zwei Uhr nachmittags in Ihr Zimmer gehen und brauchen nicht herunterzukommen, bevor es sechs Uhr ist."

„Danke schön, Madam, aber ich habe bereits eine neue Arbeit."

Als sie sah, daß sie nur ihre Zeit verschwendete, sagte sie kein Wort mehr darüber und verließ die Küche wie eine beleidigte Königin.

Nachdem ich Bescheid gegeben hatte, begann ich die Tage zu zählen, bis ich ging. Dann würde ich zwei ganze Tage frei haben.

Gegenüber dem Wohnzimmer auf der anderen Seite der Straße war ein Büro. Als ich das Teegeschirr um fünf abräumte, konnte ich sehen, wie die jungen Frauen das Büro verließen. Sie redeten miteinander — sehr selten beeilten sie sich mit dem Weggehen. Anders als bei mir, wenn ich meinen freien Nachmittag habe. Ich schlinge mein Essen herunter, manchmal gab ich meinen ganzen Teller der Katze und ging weg. Es ist zu lange, wenn man in einem Haus von Sonntag bis Donnerstag eingesperrt ist; ich könnte, natürlich, von zwei bis halb drei spazieren gehen, aber es würde mir das Herz brechen und deshalb kann ich es nicht tun, ich könnte es niemals tun. Zurückzukommen, um Brot und Butter zu schneiden, das Teegeschirr aufzudecken, den Kessel aufzusetzen und das Geschirr wieder abzuwaschen. In dieser Küche zu sitzen ohne eine Bequemlichkeit außer einem rauchenden Kessel.

Nun ist es fünf Uhr. Ich bereitete die Fischlaibchen vor, die ich am nächsten Morgen backen sollte. Und dann machte ich das Abendessen. Sie hatten nie viel, Rühreier auf Toast oder einen anderen kleinen Snack. Warum auf Erden können sie nicht all diese Dinge um fünf haben, und dann hätte ich frei wie jeder andere Mensch. Ich werde nicht frei, bevor ich nicht tot bin. Der Haken dabei ist — ich werde es nicht wissen. So viel Zeit für mich. Unter Bäumen begraben zu sein muß wundervoll sein. Bin ich zuviel allein? Ich weiß es nicht. Seitdem ich ein Dienstmädchen bin, bin ich gern allein.

Mrs. Brown gibt am Sonnabend eine Party. Ich denke, sie will so viele Menschen wie nur möglich einladen, bevor ich weggehe, damit ich etwas habe, woran ich mich erinnern kann. Es ist ja auch egal, bald gehe ich und dann habe ich zwei Tage für mich allein. Ich werde nie einen Pfennig sparen können, wenn ich so oft die Arbeitsstelle wechsle. Aber was kann ich tun? Bleiben und unglücklich sein?

Meine letzten Tage bei Mrs. Brown sind gekommen. Warum nehme ich nur immer soviel Gepäck mit? So eine Mühe, alles zu packen und dann wieder auszupacken. Wenn ich meinen Koffer schaue, dann denke ich immer an eine Freundin, die meine arme Mutter hatte. Diese Freundin lebte auf dem Land; sie verlobte sich viele Male und war es gewohnt, in den Ferien mit ihrem Liebhaber und ihrem Koffer in die Stadt zu kommen. Der Koffer blieb, aber der Verlobte verließ sie. Sie heiratete sehr spät im Leben einen Mann, der viel älter war als sie selbst. Sie war eine sehr gute Näherin, aber sie war verrückt, was das Heiraten betraf. Am Ende mußte sie ihren Ehemann versorgen. Klara war ihr Name. Armes Ding, sie hätte ein besseres Schicksal verdient. Ich frage mich, wo sie jetzt ist.

Ich sagte Mrs. Brown auf Wiedersehen und bedankte mich bei ihr für ihre Freundlichkeit. Ja, manchmal war sie freundlich.

Zwei Tage für mich allein. Ich ging in mein Zimmer — glücklich. Heute würde ich nicht mit einem König tauschen wollen. Ich fühlte mich so glücklich, daß ich nicht schlafen konnte. Es ist so ein schönes Gefühl, wenn man am Morgen nicht aufstehen muß zu dieser oder jener Zeit. Mrs. Burns, meine Wirtin, eine sehr freundliche alte Seele, brachte mir eine Tasse Tee. Ich nahm ein Bad, zog mich an und ging aus. Ich fühlte freundlich gegenüber jedermann — alle Sorgen waren vergessen. Ich betrachtete die Schaufenster, ich kaufte mir einige schöne Taschentücher. Ich liebe schöne Taschentücher — so viel Freude für 6 Pence. Dann trank ich eine Tasse Tee bei Lyons, aß zwei Brötchen und Butter. Wie ich mich amüsiert hab, das kann ich gar nicht sagen. Sich hinzusetzen zu einem

Essen, ohne daß nach mir geklingelt wird und ich aufstehen muß. Als ich den Lunch beendet hatte, nahm ich den Bus zum Greenwich Park. Jemand hat mir vor langer Zeit erzählt, wie schön der Park ist. Er war wirklich schön. Aber was mir am besten gefiel, waren die alten Häuser rund um den Park. Es schien wie eine vergessene Welt zu sein. Ich wünschte, ich könnte ein kleines Zimmer in einem von diesen Häusern haben. Und dann ging ich ins Kino. Ich sah Greta Garbo in *Königin Christina*. Ich amüsierte mich sehr. Als ich herauskam, waren die Geschäfte immer noch offen; ich kaufte einige Brötchen und etwas Schinken für mein Abendessen.

Ein Tag war vorbei. Nun egal — ich hab mich amüsiert. Was werde ich morgen machen? Ich weiß, ich werde den ganzen Tag in Kew Gardens verbringen. Wenn ich erst mal wieder arbeite, habe ich für solche Sachen nie Zeit. Als ich im Garten umherwanderte, traf ich Ruth. Was für eine Überraschung, ich war sehr erfreut und sie auch. Wir tauschten unsere Neuigkeiten aus. Sie erzählte mir, daß sie verheiratet war und eine Wohnung hatte, aber daß die Hausarbeit so viel von ihrer Zeit in Anspruch nahm. Sie würde so gerne Geld verdienen. Es ist nicht schön, wenn man den ganzen Tag allein ist. Und dann dieses ganze Putzen, Staubwischen und Kochen nur für zwei Personen. Man könnte wirklich etwas Nützlicheres tun. Ich erzählte Ruth meine Neuigkeiten, daß ich überdrüssig war, bei meinem Arbeitgeber zu wohnen und daß ich morgen eine Arbeit als Zugehfrau annehme. Aber nun laßt uns unsere Sorgen vergessen und in den Garten gehen. Gott weiß, wann ich die Zeit haben werde, ihn wieder zu sehen. Es war wirklich ein wundervoller Anblick — diese Blumen und Bäume. Ruth erzählte mir, daß sie gerne einen Artikel für ein Magazin schreiben würde. Den Titel hatte sie bereits: „Georg kommt zum Essen heim". Ich denke, man braucht diesem Titel nichts hinzuzufügen, er spricht für sich selbst.

Und morgen werde ich meine neue Arbeit beginnen. Ich gehe besser jetzt nach Hause und gehe ins Bett und schlafe. Ruth lud mich ein, sie in vierzehn Tagen zu besuchen. „Bis dahin weißt du, wie es ist. Laß es dir gut gehen, Toni". Ich fühlte mich traurig, aber vielleicht deshalb, weil die zwei Tage vorbei waren. Und wird es mir dort gefallen?

III

Am nächsten Tag um fünf begann ich meine neue Arbeit. Ich ging direkt in den Wirtschaftsraum. Mary — so war der Name dieses Mädchens — hatte immer noch Dienst. Sie hieß mich herzlich willkommen und es ging mir sofort viel besser. Sie sagte mir: „Es ist eigentlich Zeit für mich zu gehen, aber ich will dich erst herumführen. Ich habe bereits den Tisch im Eßzimmer für dich gedeckt. Du mußt nur das Teegeschirr abwaschen, aber laß uns zuerst eine Tasse Tee trinken."

Sie nahm mich mit in den Raum der Angestellten — einen schrecklich vernachlässigten Ort, so schmutzig. Ich bin so froh, daß ich hier nicht wohnen muß. Sie stellte das Radio an und es gab Tanzmusik. Sie fing an zu tanzen, es sah grotesk anmutig aus. In einer

Viertelstunde kannte ich ihre ganze Lebensgeschichte. Ich war sehr stolz, daß sie so viel Vertrauen zu mir hatte, aber später hörte ich, daß sie mit jedem redete, es war ganz egal, wer es war. Zu dieser Zeit hatte ich ihr Vertrauen schon über. Sie erzählte mir, daß sie zweimal verlobt war und ihre Arbeit gerne mochte.

Ich fing an, das Teegeschirr abzuwaschen und wegzuräumen. Ich schaute in das Eßzimmer; es gab da ungefähr fünfzehn kleine Tische, alle waren sehr hübsch. Die Treppen zu den Schlafzimmern waren bedeckt mit einem dunkelroten Samtteppich. Ich schaute mich um, denn ich hatte im Augenblick nichts zu tun. Es gab einen Billiardraum mit sehr viel Platz. Alles war sehr hübsch möbliert und sauber, außer dem Raum für die Angestellten. Dieser sah aus, als ob eine unfreundliche Frau des Hauses ihn mit dem Gedanken möbliert hätte: „So ist er gut genug für die Angestellten. Sie sehen die Dinge sowieso anders als wir." So muß sie zu sich selbst geredet haben. Ich wünschte, ich hätte das nicht sofort entdeckt.

Bald war es sieben — Zeit fürs Abendessen. Ich half Mary, die Platten hineinzutragen. Es waren ungefähr zwanzig Gäste da, meistens ältere Frauen, einige im Abendkleid. Mary war eine sehr schnelle Arbeiterin. Nachdem ich ihr geholfen hatte, das Abendessen hereinzutragen, begann ich mit dem Abwasch. Als erstes die Suppenteller; dann mußte ich etwas auf die Fleischteller warten. Es gab viel abzuwaschen. Nachdem Mary den Kaffee serviert hatte, kam sie zu mir, um mir zu helfen, und als wir den Abwasch beendet hatten, aßen wir unser Essen. Ich aß meins sehr schnell. Ich staune oft selbst, daß ich bisher nie Magenprobleme hatte, so wie ich mein Essen herunterschlinge. Ungefähr um viertel nach acht war ich fertig. Ich ging nachhause. Es ist schön, frische Luft zu atmen. Es war bereits sehr dunkel. Wie schön, dieses Hotel nicht vor morgen wiederzusehen.

Ich hatte einige Paar Strümpfe zu stopfen. Die armen Dinger waren abgetragen. Nachdem ich zwei Paar gestopft hatte, sagte ich zu mir selbst: das wird für ein paar Tage reichen. Dann ging ich ins Bett — wie schön. Keine Mrs. Brown oder Mrs. Baker am anderen Ende des Flures — nur meine Vermieterin und ich im Haus.

Am nächsten Morgen, als ich das Hotel betrat, begrüßte mich Mary mit den Worten: „Toni, letzte Nacht hast du die Bettücher nicht abgedeckt, und du mußt immer in einige Betten Wärmflaschen tun und die Vorhänge zumachen."

Ich sagte zu Mary: „Können die das denn nicht selbst?"

„Du verstehst das nicht, Toni, sie sind zu zart."

„Sind sie das?" fragte ich, „das habe ich nicht bemerkt, als sie beim Abendbrot saßen und um einen Nachschlag baten."

„Aber nun haben wir Arbeit. Ich werde dir die Räume zeigen, die du vor dem Frühstück machen mußt."

Ich mußte die große Empfangshalle wischen und abstauben; das Feuer brannte bereits. Die Morgenarbeit war leicht, weil ich nicht ans Frühstückzubereiten denken mußte und ob der Ofen aus war oder immer noch brannte. Ich brauchte eine halbe Stunde und dann ging ich in die Küche und der Koch gab mir mein Frühstück. Die Köchin war ungefähr 30 Jahre alt und hatte ein recht intelligentes Gesicht. Ich mochte sie. Ich brachte mein Essen in den Angestelltenraum. Bald danach kam Mary. Und dann wuschen wir beide, sie und ich, das Frühstücksgeschirr ab. Das war eine Menge. Aber bald waren wir fertig. Madam kam heraus. Gerade in diesem Moment zerbrach Mary eine Tasse. Wie unglücklich. Madam schimpfte mit ihr; Mary tat mir sehr leid.

Madam zeigte mir, was ich als nächstes tun sollte, die andere Halle sauber machen und dann den Billiardraum. Madam mußte früher sehr schön gewesen sein; nun war sie sehr dick, verwelkt und müde. Es ist keine leichte Aufgabe, die Managerin eines Hotels zu sein. Sie schien mir eine eher harte Frau zu sein, so wie sie mit Mary schimpfte, weil sie eine Tasse zerbrochen hatte.

Ich kam mit meiner Arbeit gut zurecht. Am Abend, als ich nachhause ging, folgte mir ein Mann. Aber ich nahm keine Notiz von ihm. Ich erinnerte mich an das Abenteuer im Hyde Park. Aber ich konnte ihn nicht verscheuchen. Er begann mit mir über den schönen Abend zu reden. Er war ungefähr vierzig Jahre alt, mit einem cleveren Gesicht. Ich war nicht sehr gesprächig. Ich sagte zu mir selbst: sag besser nichts. Ich erreichte mein Zuhause und sagte Gute Nacht. Er ging und schaute sich einige Male um. Ich fühlte, wie es mich durchschauderte. Das Leben kann sehr schön sein; wie schön muß es sein, von jemandem geliebt zu werden. Aber ich darf nicht zu viel Notiz von ein paar freundlichen Worten nehmen; ich sehe ihn vielleicht nie wieder.

Ich fand die Arbeit in einem Hotel weniger anstrengend als in einem Privathaushalt. Was ich nicht mochte, waren der Staub und der Schmutz im Personalraum.

Mary hatte die Angewohnheit, wenn sie ihren Fünf-Uhr-Tee beendet hatte, in ihrer Freizeit ihre Füße zu pflegen und ihre Zehennägel zu schneiden, die überall herumflogen. Und sie legte ihre benutzten Strümpfe und Einlegesohlen auf die Tischdecke, von der wir aßen. Wenn sie nun fünfzehn gewesen wäre, hätte ich mit ihr geredet; es ist schwierig, jemandem etwas zu sagen, der älter ist als man selbst. Ich würgte nur mein Essen herunter und verließ den Personalraum.

Es gab sehr viel für mich zu tun. Ich mußte die Tische des Speisezimmers decken und alle Gläser polieren; ich hatte kaum Zeit, alle Bettlaken fertigzumachen, bevor es Abendessen gab. Als es sieben Uhr war, begann ich, die Minuten zu zählen. Es ist so schön, diesen Ort abends zu verlassen und nicht vor dem nächsten Morgen wiederzusehen. Ich erzählte Mary, wie glücklich ich war, daß ich hier nicht schlafen mußte.

Als ich aus dem Hotel kam, regnete es. Mein armer Mantel... und ich hatte keinen Regenschirm. Ich rannte nachhause, so schnell wie ich konnte.

„Rennen Sie nicht, ich kann Ihnen kaum folgen", rief jemand, und da war wieder mein junger Mann von gestern...

Ich sagte: „Nun werden wir beide naß."

„Und wenn es so ist", antwortete er, „was spielt das für eine Rolle?"

Er fragte mich, ob ich einen harten Tag hatte.

„Er war nicht so anstrengend", sagte ich; „und was für eine Art von Tag hatten Sie?"

„Ach, so-so, ich bin ein Handelsreisender."

Es tat mir leid, als wir die Tür von meinem Zuhause erreichten. Ich sagte schnell „Auf Wiedersehen". Er drückte meine Hand und ging.

Ich darf nicht so freundlich sein oder es wird dasselbe Ende nehmen wie das Hyde-Park-Abenteuer. Ich mochte ihn ganz gern, aber man darf einem Mann nie zeigen, daß man ihn mag. Trotzdem, ich wollte so gerne Liebe. Wird ein Mann jemals zu mir sagen „Ich liebe dich"? Ich bin immer allein und ich sehne mich, mit jemandem zu reden, nicht einfach nur so zu schwatzen, und ein Zuhause zu haben und Kinder. Wie schön würde es sein, ein eigenes Zuhause zu haben; aber ich darf an diese Dinge nicht denken. Ich werde es nie haben, und so ist es.

Am nächsten Morgen, als ich das Gästehaus betrat, sagte Madam zu mir: „Mary kommt heute nicht, und so mußt du die Frühstücksbestellungen entgegennehmen." Ich ging in das Speisezimmer und fragte die Gäste, einen nach dem anderen, was sie haben möchten. Wenn ich einige Bestellungen hatte, ging ich in die Küche und sagte sie dem Koch. Ich tat das gerne, es war mal eine Abwechslung für mich.

Als ich mit meinem eigenen Frühstück fertig war, kam Madam in die Küche, um mir beim Abwasch zu helfen. Sie redete sehr freundlich und sagte, daß sie mich mochte, weil ich ruhig wäre. „Mary ist so eine

Plaudertasche. Man kann sie von einem Ende des Hauses zum anderen hören." Das stimmte; Mary konnte reden und reden, und nichts als Unsinn.

Die Tage vergingen sehr angenehm. Am Abend fing ich an zu überlegen, ob der junge Mann wohl auf mich wartete. Ich war sehr müde. Marys Arbeit war sehr hart; sie mußte viel herumlaufen. Ich war froh, als ich meinen Mantel anzog und das Hotel verlassen konnte.

Es war ein sehr schöner Abend; ich spazierte umher, froh, etwas frische Luft zu schnappen. Es war immer so heiß in der Küche durch den ganzen Abwasch. Plötzlich war er neben mir und nahm meinen Arm, aber ich erlaubte es ihm nicht und gleich darauf tat es mir leid. Sein Gesicht wurde sofort mürrisch. Ich begann zu reden, aber er antwortete nur „ja" und „nein", und bevor ich meine Wohnung erreichte, sagte er kurz „Gute Nacht" und war verschwunden.

Ich fühlte mich sehr schlecht. Ich wußte, es war mein eigener Fehler. Ich bin nie natürlich, ich bin immer gekünstelt, wenn ich mit einem Mann zusammen bin. Ist das ein Mangel an Erfahrung? Man muß diese Dinge mit sechzehn lernen und nicht in meinem Alter. Ich war sehr traurig, weil ich wußte, daß ich ihn nie wiedersehen würde, und irgendwie mochte ich ihn. Am meisten mochte ich seine Stimme, er hatte so eine schöne Stimme. Warum mußte ich meinen Arm aus seinem herausziehen? Warum?

Ich schlief in dieser Nacht nicht gut und am Morgen war ich noch sehr müde. Ich wünschte, ich müßte nicht aufstehen, aber vielleicht war Mary immer noch krank. „So — auf Wiedersehen, mein wundervolles Bett, ich werde dich heute Nacht wiedersehen."

Am Morgen war Mary wieder da; sie sah nicht sehr gut aus. Ich half ihr, so viel ich konnte. Ich fühlte mich nicht sehr gut. Ich war böse mit mir selbst. Warum kann ich nicht das Richtige tun? Aber nun ist es egal, was geschehen ist, ist geschehen. Es war nicht der erste Fehler, den ich in dieser Hinsicht gemacht habe, und es wird nicht mein letzter sein. Das einzige Problem ist: ich werde älter, aber nicht klüger.

Zur Mittagszeit klagte Mary über schreckliche Kopfschmerzen. Sie ärgerte sich auch über die Gäste. Es gab einige Ladies, die hatten außer lesen und schreiben den ganzen Tag kaum etwas zu tun. Madam ging an diesem Nachmittag aus. Ich glaube, alle Angestellten freuten sich, wenn sie weg war. Sie war nicht von der schlechten Sorte, aber ihre Augen waren überall. Ich hatte immer das Gefühl, sie hätte auch am Hinterkopf Augen.

Als ich um zwei Uhr nachmittags nach Hause ging, sagte ich zu mir selbst: heute Nachmittag gehe ich ins Kino und am Abend tue ich so, als ob ich vom Hotel nach Hause gehe. Vielleicht ist er da.

Ich wünschte, ich hätte das nicht getan. Als ich aus dem Kino kam, ging ich gleich zum Hotel. Plötzlich fing mein Herz an zu hüpfen. Er kam, um mich zu treffen. Ohne zu denken, als ob ich dazu gedrängt wurde, sagte ich: „Ich habe noch nie in meinem Leben jemanden geliebt; ich wäre so gerne verliebt."

„Das ist schmerzlich", sagte er. „Wenn du dich verlieben möchtest, warum läßt du dich dann nicht gehen? Du mußt so leicht sein wie ein Pfennig, den man in die Luft wirft. Sei so frei wie ein Hund oder eine Katze, denke nicht so viel und lebe mehr. Und nun auf Wiedersehen und viel Glück, ich bin beschäftigt heute abend."

Ich fühlte mich, als ob ich nackt auf der Straße stände. Ich wünschte, der Boden hätte Mitleid mit mir und würde sich öffnen und mich begraben. Etwas in mir war erstarrt. Ich hatte keinen Wunsch mehr nach Liebe. Ich wußte nicht, wie ich nach Hause kam. Es war mir nicht bewußt, was ich tat. Ich ging wie im Traum, aber in keinem glücklichen Traum. Was hatte ich gemacht? Ich hatte nur um Liebe gebeten. Ich wünschte, ich könnte für immer schlafen.

Als ich am nächsten Morgen aufwachte, war mein erster Gedanke, daß ich mir wünschte, niemals mit dem Mann über die Liebe gesprochen zu haben. Er muß auch sehr unbarmherzig sein; sonst hätte er wohl nicht solche Dinge gesagt. Ich fühlte, daß ich ihn eine lange Zeit nicht vergessen könnte. Wir schrecklich kann das Leben sein.

IV

Mary ging es besser, aber ich kam nicht mit meiner Arbeit voran. Und gerade heute mußte ich den Billiardraum ausräumen. Als ich niederkniete und den Fußboden wischte, weinte ich. Bevor ich diesen Mann traf, war ich weder sehr glücklich noch sehr unglücklich, aber nun fühlte ich mich schrecklich unglücklich. Ich wünschte, ich könnte Tabletten des Vergessens nehmen und den letzten Abend aus meiner Erinnerung streichen.

Mary kam in den Billiardraum, um den Besen zu leihen. „Es ist fast ein Uhr und du hast ja den Raum noch nicht fertig. Madam möchte, daß du die Herrentoilette auch noch machst." Die Toilette war eine harte Aufgabe für mich. Da waren immer so viele Pfützen. „Weißt du was", fuhr sie fort, „Madam glaubt nicht, daß ich vorgestern krank im Bett war. Ich bin jeden Morgen um viertel nach sieben hier, um den Morgentee zu kochen. Es ist nicht meine Aufgabe, aber keines der Mädchen will hier schlafen, und so muß ich es tun. Ich helfe dir bei diesem Zimmer", sagte sie.

„Du bist sehr nett, Mary, aber müßtest du dich nicht zum Lunch umziehen?"

„Das dauert nicht so lange und hier ist eine halbe Krone. Eine Lady gab mir 5 Schilling und bat mich, sie mit dir zu teilen. Wenn du über Weihnachten bleibst, dann wirst du eine Menge Trinkgeld bekommen. Dies ist kein schlechter Ort", fügte sie hinzu. „Madam natürlich ist sehr launisch. Du weißt nie, woran du mit ihr bist. An einem Tag ist sie freundlich, und am nächsten Tag kann man nichts recht machen. Alles regt sie auf. Aber nun, meine Liebe, muß ich mich umziehen, du mußt nur noch die Toilette machen."

Ich hasse es, die Toiletten zu putzen. Ich erinnere mich, daß ich einmal eine Toilettenwärterin gesehen habe, die aß mit der einen Hand ihr Abendbrot, und mit der anderen wischte sie alle paar Minuten die Toilette. Und sie guckte so glücklich. Nichts konnte ihr den Appetit verderben. Und ich, wenn ich auch nur eine Toilette putze, wasche meine Hände anschließend eine Viertelstunde lang.

Ich werde mir ein Paar Strümpfe kaufen von der halben Krone, die Mary mir gegeben hat. Aber was ich auch mache, ich kann gestern nicht vergessen. Warum war er so grausam zu mir? Wenn er mich schon nicht mochte, konnte er es nicht in andere Worte fassen, ohne mich so zu verletzen? Ich werde für den Rest meines Lebens keinem anderen Mann erlauben, mit mir zu reden.

Gerade in diesem Augenblick kam Madam in die Küche, sehr wütend und sagte: „Seidenstrümpfe und Schokolade sind aus einem der Zimmer verschwunden. Sie müssen alle sofort in die Hotelhalle kommen." Sie meinte Mary und mich. Zwei andere Mädchen, die die Zimmer aufgeräumt haben, warteten bereits.

Mit solchen Dingen muß man in privaten Diensten nicht rechnen, sagte ich zu mir selbst.

„Neulich sind auch schon Sachen aus den Zimmern verschwunden. Wenn das nicht aufhört, hole ich die Polizei", sagte Madam.

Wir alle wußten, wer der Dieb war, aber wir konnten sie nicht überführen. Es war ein Mädchen um die zwanzig mit einem sehr blassen Gesicht. Rosie war ihr Name. Keiner von uns mochte sie wirklich. Manchmal guckten ihre Augen richtig tückisch. Ich nahm niemals eine Handtasche mit zur Arbeit, meinen Hausschlüssel hatte ich immer in der Tasche.

„Sie ist gerade 20 Jahre alt", sagte Mary zu mir. „Wie wird sie sein, wenn sie 50 ist?"

„Wie werde ich sein, wenn ich 50 bin?" fragte ich mich selbst. Als ich 18 Jahre alt war, erinnerte ich mich, da wünschte ich nur zu leben und zu lieben, mich zu amüsieren bis ich 30 wäre und dann zu sterben. Jetzt bin ich über 30. Immer wenn ich mit dem Leben in Berührung komme, mache ich die dümmsten Sachen. Manche Menschen machen dumme Sachen, aber es schadet ihnen nicht; aber dann gibt es andere, denen nichts in den Schoß fällt. Sie lernen sehr schwer.

Den ganzen Tag sprachen sie über nichts anderes als über den Diebstahl. Rosie kam zu mir in die Küche und fragte mich, ob ich glaubte, daß Madam tatsächlich die Polizei holen würde.

„Natürlich, das wird sie. Keine mag es, wenn ihr Strümpfe aus den Schubladen geklaut werden."

Sie guckte ein bißchen erschrocken. Aber sie tat mir nicht leid, denn sie hatte es nicht nötig zu stehlen — reine Gier. Sie war ein Zimmermädchen und bekam so viele Trinkgelder. Ich bekam alle Jubeljahre eins. Irgendwie verabscheue ich Trinkgelder. Man sollte lieber angemessene Löhne bekommen. Mary, trotz ihrer Trinkgelder, die sie bekam, stahl Fleisch von den Tellern der Gäste und nahm es mit nach Hause. Ich war angewidert. Einmal sagte Madam zu mir: „Ich wünschte, ich hätte nur ein Auge, aber damit würde ich immer noch zu viel sehen."

Madam mochte mich, das konnte ich sehen. Eine meiner Aufgaben war es, ihr Schlafzimmer zu machen und unter anderem mußte ich ihr Nachtgeschirr ausleeren. Wie kann man seinen Nachttopf von einer anderen Person ausleeren lassen? Ich kann das nicht verstehen. Einmal redete ich mit einem Zimmermädchen darüber. „Das bedeutet nichts", sagte sie. „Heute schiß eine Dame in den Topf und ich mußte ihn ausleeren. Ihr Zimmer lag gegenüber der Toilette. Sie geben dir ein Trinkgeld und denken, sie bezahlen damit alles", sagte sie. Wie schrecklich, dachte ich.

Madam sah heute abend recht hübsch aus, sie erwartete Freunde. Irgendwie scheint sie sehr einsam zu sein. Ich habe immer das Gefühl, da gab es etwas in ihrem Leben, über das sie nicht reden wollte. Irgendetwas Geheimes. Sie war zu den Gästen freundlich, aber keiner von ihnen interessierte sie wirklich. Sie ging kaum aus. Am Abend, wenn ich ihr die Wärmflasche in ihr Bett legte, flickte sie stets Laken in ihrem großen Schlafzimmer. Mit einem sehr gemütlichen Licht und in einem großen Doppelbett schlief sie alleine. Als ich das erste Mal kam, dachte ich, sie wäre verheiratet — wegen des Doppelbetts, doch Mary erzählte mir, sie wäre allein. Sie war mal mit einem verheirateten Mann zusammen, aber das war nun alles vorbei. Ich frage mich, ob sie ihn wohl immer noch mag. Aber sie ist ein so stolzer Mensch, sie würde es nie zugeben. Ich denke, es muß ein schrecklicher Schlag gewesen sein, herauszufinden, daß er nicht frei war, sie zu heiraten. Vielleicht hat das sie so hart gemacht.

Ich fing an, sie sehr gern zu mögen und ich war froh, wenn sie dann und wann mit mir sprach. Am Abend kam sie oft in die Küche heraus, wenn wir zu wenig Arbeitskräfte hatten, und half mir beim Abwasch. Oft auf dem Nachhauseweg dachte ich an den Abend, als ich auch nach Hause ging, aber nicht allein. Trotz der furchtbaren Dinge, die er zu mir sagte, mochte ich ihn immer noch. Wie ist es möglich, einen Menschen zu mögen, über den man so wenig weiß? Vielleicht ist

Liebe etwas, für das wir nicht verantwortlich sind. Ich fühlte mich traurig. Ich las bis spät in die Nacht. Meine freien Nachmittage verbrachte ich im Kino. Wenn ein Mann mich ansprach, ging ich schnell weiter. Ich bin bisher schon genug erschreckt und verletzt worden. Was wird aus mir werden? Ich werde ein altes Dienstmädchen werden. Wenn ich Babysachen in einem Schaufenster sehe, dann kann ich nicht vorbeigehen ohne sie anzusehen. Ich werde nie eine Gelegenheit haben, sie zu kaufen; vielleicht für Freunde, aber nicht für mich.

In 14 Tagen ist Weihnachten. Madam kaufte einen Tannenbaum und schmückte ihn schön. Die Köchin war sehr beschäftigt; sie mochte Mary nicht, es gab oft Krach zwischen ihnen. Sie beschimpften einander. Ich glaube, sie mochte Mary hauptsächlich nicht, weil sie so viele Trinkgelder bekam, und die Köchin, trotz des guten Essens, das sie immer machte, bekam kaum etwas. Madam fragte mich einmal, ob Mary ihre Trinkgelder mit mir teilte. Sie gab mir ein oder zweimal eine halbe Krone, das war alles. Was ich wirklich wollte, war besserer Lohn. Nachdem ich die Miete für mein Zimmer bezahlt hatte, blieb mir kaum etwas für meine persönlichen Bedürfnisse. Im privaten Dienst gibt einem die Lady mal ein paar Schuhe oder ein Kleid.

V

Weihnachtsmorgen. Die Straße sah sehr schön aus. Es schneite, alles war weiß und so ruhig. Man konnte kaum die eigenen Schritte im Schnee hören. Alle waren froh im Hotel. Der Weihnachtsbaum stand in der Hotelhalle. Als ich durch die Halle ging, gaben mir die Gäste einer nach dem anderen ein Trinkgeld. Ich war nicht an Trinkgelder gewöhnt und trotz des Geldes, das ich zusammenbekam, fühlte ich mich nicht glücklich. Warum können die Menschen einem keine angemessenen Löhne zahlen und die Trinkgelder abschaffen. Mary strahlte — Trinkgelder und noch mehr Trinkgelder für sie.

Das Weihnachtsessen war sehr schön und der Abwasch endlos. Ich dachte, ich würde nie fertig. Aber schließlich schaffte ich es. Als ich nach Hause ging, sah ich in den Himmel, er war schön, voll mit Sternen. Weihnachten war wieder fast vorbei. Wo werde ich im nächsten Jahr um diese Zeit sein? Ich fürchte, nicht im Hotel, da ich durch das „Auswärtswohnen" nicht mit meinem Geld zurechtkam. Wenn ich Madam um mehr Geld bitten würde, dann wäre sie sehr freundlich, aber zahlte mir keinen Penny mehr. Es ist auch egal, alle Jobs sind Erfahrungen. Da ich kein Geld zum Reisen habe, kann ich nur eine Pause einlegen, wenn ich einen neuen Job suche.

Ja, ich weiß. Ich sollte an einem Job kleben und einen Penny nach dem anderen für mein Alter sparen. Aber ich bin nicht vernünftig. Auf jeden Fall werde ich nicht jetzt gehen, nicht gleich nach Weihnachten. So ging das Leben weiter.

Mary hatte wieder einen jungen Mann, sie erzählte mir davon alles. Und nicht nur mir, auch alle Gäste und Angestellten mußten davon wissen. Sie konnte es nicht für sich behalten. Er war der Gehilfe eines Gemüsehändlers, er kam jeden Abend, um sie zu sehen. So ging es Woche für Woche. Er machte auf mich einen ordentlichen Eindruck. Eines Tages erzählte Mary mir, daß er sie nicht heiraten könne, da er bereits eine Frau habe, mit der er aber nicht sehr glücklich wäre. Und Marys Eltern hatten verboten, daß sie ihn treffe. Sie weinte und fragte, was ich an ihrer Stelle täte. Ich denke, ich würde mich trennen.

„Aber ich kann nicht, ich liebe ihn wirklich", sagte Mary. „Er hat niemanden außer mir; seine Frau mag ihn nicht, sie tut alles, um ihn zu ärgern. Am Abend, wenn er schlafen will, stellt sie das Radio an oder spielt mit dem Hund. Sie hat zum Hundespielen einen hölzernen Ball; wenn er auf dem Fußboden rollt, macht es einen schrecklichen Lärm, und all dies in der Nacht, wenn er schlafen will. Du mußt mir glauben, er arbeitet sehr schwer. Die Arbeit als Gehilfe eines Gemüsehändlers ist nicht leicht. Wenn ich ihn verlasse, dann weiß ich nicht, was mit ihm passiert. Oft sagt er zu mir: ‚Wenn ich dich nicht hätte, könnte ich nicht mehr weiterleben. Seit ich dich habe, hat mein Leben Sinn.' Ich kann mich nicht von ihm trennen, ich kann es wirklich nicht, Toni. Wenn meine Eltern nicht mehr mit mir reden, kann ich es auch nicht ändern."

Irgendwie war ich von dem, was Mary mir sagte, beeindruckt. Ich verzieh ihr sogar, daß sie Fleisch von den Tellern der Gäste geklaut hatte.

Madam war böse mit Mary. Mary bemerkte es und sagte zu mir: „Sie ist nur eifersüchtig, weil mich jemand liebt."

Ich glaube nicht, daß das der Grund war. Mary erzählte nicht nur mir ihre Probleme, sondern jeder

Gast mußte auch zuhören. Und oft war sie spät dran mit dem Mittag- oder Abendessen.

VI

Die Tage gingen dahin. An meinen freien Nachmittagen ging ich ins Kino, aber irgendwie machte es mir anders als sonst keinen Spaß. Kein Tag ging vorbei, an dem ich nicht an den Handlungsreisenden denken mußte. Mrs. Burns, meine Vermieterin, bemerkte, daß ich neuerdings so anders war. „Sie sind so still", sagte sie zu mir, „was ist mit Ihnen los?"

Ich erzählte es ihr. Sie war über sechzig, man muß mit jemandem reden.

Sie sagte: „Sie sind verrückt, Sie nehmen es so wichtig, was der Mann zu Ihnen sagt. Vielleicht war er betrunken. Auf jeden Fall seien Sie nicht so traurig, daß Sie ihn verloren haben. Wenn er nach ein paar Stunden der Bekanntschaft so grobe Dinge zu Ihnen sagt, dann würde er Sie nach einigen Tagen Ehe vielleicht umbringen. Seien Sie nicht darüber bekümmert, daß Sie allein sind. Lassen Sie mich erzählen, ich bin eine alte Frau. Ich hatte einen Ehemann, ich hatte Geliebte. Ich war verliebt in die Liebe, aber sehr selten in den Mann neben mir. Ich wollte mit ihm schlafen, aber konnte er nicht unsichtbar sein? Das hätte wunderbar sein können. Aber keine Chance. Männer denken nur an ihre Bäuche und an die Löcher in ihren Strümpfen. Das ist alles."

Ich konnte Mrs. Burns nicht glauben. Vielleicht hat das Leben sie enttäuscht, deshalb dachte sie so verbittert über die Männer. Ich werde nie verbittern, es muß etwas schönes im Leben geben, auch für mich.

An jenem Morgen war ich spät dran, so nahm ich den Bus. Die Fahrt kostete nur einen Penny. Ein Offizier wartete auch. Als der Bus kam, ließ ich ihm den Vortritt, ich war es so vom Hotel und den anderen Arbeiten gewohnt, ich war ja nur ein Dienstmädchen. Aber er wartete, bis ich in den Bus gestiegen war. Es war nichts, doch ich fühlte mich den ganzen Tag glücklich.

Mary begann mir die Fortsetzung ihrer Lebensgeschichte zu erzählen. „Er wartet auf mich draußen vor meinem Haus. Ich bringe ihm jeden Morgen eine Tasse Tee herunter."

Es war nichts Schönes an Mary. Sie sah nicht gut aus, und trotzdem liebte dieser Mann sie, liebte sie so sehr, daß er keinen Tag verstreichen lassen konnte, ohne sie zu sehen.

Ich erzählte Mrs. Burns davon, damit sie besser über die Liebe dächte. Aber sie sagte nur: „Sie wissen nicht, was er aus ihr herausbekommt, als Serviermädchen erhält sie viel Trinkgeld."

So hart war Mrs. Burns. Ich hoffe, ich werde nie wie sie. Aber, natürlich, wenn man das Leben eines armen Teufels führt, der um jeden Penny kämpfen muß, dann ist das nicht immer die beste Schule, ein Engel zu werden.

„Gucken Sie mich an", sagte Mrs. Burns eines Abends, „Sie würden nicht denken, daß ich einmal jung und schön war. Als ich achtzehn war, verliebte sich ein Mann, der viel älter als ich war, in mich. Er war reich. Ich liebte schöne Kleider und haßte die

Arbeit. So gab ich mich ihm hin. Das erste Kleid, das er mir kaufte, ich erinnere mich so gut, war aus schwarzer Chiffonseide. Ich hatte helle Haare... Am Ende heiratete er mich. Er war ungefähr fünfzig und ich achtzehn. Die ersten zwei Jahre vergingen sehr angenehm. Er nahm sich zusammen und ging sogar mit mir ins Theater, zum Tanzen, ins Kino; aber ein Mann von fünfzig ist ein Mann von fünfzig und ich war so jung. Er wurde krank. Der Arzt verordnete ihm Ruhe und ein stilles Leben. Das war das. Mein Mann war immer freundlich zu mir. Ich wurde sehr ruhelos. In dieser Zeit verlor mein Mann sein ganzes Geld. Wir zogen in eine kleinere Wohnung und mußten einen Raum vermieten. Mein erster Untermieter war ein Musiker. Er spielte die Violine so schön. Ich verliebte mich in ihn, aber er kümmerte sich nicht die Bohne um mich. Ich dachte, ich würde ihn dazu bringen, sich in mich zu verlieben. Er bewunderte meine Figur. Sie wissen, Toni, ich hatte so eine gute Figur; er sagte mir, er habe noch nie so etwas gesehen. Aber er liebte mich nicht. Er schlief mit mir, wenn ihm danach war. Es ist mehr eine Strafe, mit jemandem zu schlafen, der sich nichts aus einem macht. Ich dachte, ich würde ihn dazu bringen, mich zu lieben. Aber ich hatte keinen Erfolg.

Mein Mann war zu krank, um etwas zu bemerken. Wenn ich wegen des Musikers niedergeschlagen war, dachte mein Mann, ich wäre traurig wegen seiner Krankheit. Am Ende wurde er so krank, daß er ins Krankenhaus gebracht werden mußte. Er starb bald darauf. Von der Leiche meines Mannes rannte ich nach Hause zu meinem Liebhaber. Aber er war ge-

gangen. Da war ein Brief. Die Leute könnten reden, sagte er in seinem Brief, und er sei besorgt über meinen guten Ruf. Es wäre besser, er zöge woanders hin. Er teilte mir seine Adresse nicht mit, und London ist groß. Ich sah ihn nie wieder. Sie können sagen, das geschah mir recht, mein Platz sei neben meinem Mann. Aber ich war so jung, viel jünger als Sie, Toni. Und er spielte so schön Violine."
„Was taten Sie hinterher?" fragte ich Mrs. Burns.
„Ich brachte Männer in meine Wohnung. Ich hasse die Arbeit immer noch. So lebte ich von meinem Körper."
„Aber Mrs. Burns", sagte ich schockiert.
„Seien Sie nicht so erschrocken, Toni. Alle leben von ihrem Körper. Sie gebrauchen ihre Hände, ihre Füße. Was ist der Unterschied?"
Es gibt einen Unterschied, aber ich sagte ihr nichts. Meine Seele gehört mir. Wenn ich das täte, was Mrs. Burns in ihrer Jugend getan hat, könnte ich nichts mehr mein eigen nennen. Irgendwie beeindruckte mich die Geschichte, die sie mir erzählte — wie kann eine Frau in ihrem Alter sich so lebendig an ihre Jugend erinnern. Wie traurig war ihr Leben. Sie hatte keine Kinder, keine Freunde, nicht einmal eine Katze. Sie bezahlte zu viel für das schwarze Seidenkleid.
Es wurde Frühling. Ich liebe die Knospen, bevor sie zu Blättern werden. Madam gab mir eine Pflanze. Ich nahm mir vor, das Hotel im Sommer zu verlassen — trotz der Pflanze. Ich kam wirklich nicht mit meinem Geld zurecht. Ich bräuchte so dringend ein Kostüm. Mein Mantel war ganz abgetragen. Wie sehr man

sich auch mit Anziehsachen vorsieht, manchmal braucht man neue.

An meinem freien Nachmittag ging ich mit sehnsüchtigen Augen Schaufenster anschauen. Alles, was ich mir leisten konnte war ein Schal. So kaufte ich mir einen wundervollen roten Schal. So sah mein schäbiger Mantel etwas besser aus.

Eines Tages bat mich ein Gast vom Hotel in ihr Zimmer. Mit geheimnisvoller Miene sagte sie, sie hätte was für mich. Sie gab mir ein altes Paar Pantoffeln. Sie wußte nicht, wie dringend ich Anziehsachen brauchte. Ich gab sie Mrs. Burns, sie brauchte ein Paar.

Am Abend, als Madam mir beim Abwaschen half, erzählte sie mir von ihrer Kindheit. Sie wurde auf einem Bauernhof geboren und sie liebte das Land. Ich fragte sie, was ihr Wunsch gewesen war, als sie jung war. „Zu heiraten", sagte sie. Plötzlich wechselte sie das Thema und begann über etwas anderes zu reden. Ich bin sicher, sie hätte heiraten können, wenn sie gewollt hätte.

Mary kam in die Küche und begann ihr gewöhnliches Geschnatter. Wir beide, Madam und ich, waren betrübt. Abgesehen davon, daß sie ohne Pause redete, hatte Mary eine sehr laute Stimme.

Am Sonntag standen die Gäste später auf. Nach dem Frühstück saßen sie in der Hotelhalle und lasen Zeitungen. Jeder sah zufrieden mit diesem Leben aus. Es muß schön sein, sich an einem Tag in der Woche auszuruhen. Werde ich je eine Arbeit haben, bei der ich nicht an Sonntagen arbeiten muß und die Abende für mich habe? Es wäre der Himmel. Was würde ich mit den Abenden machen. Ich glaube, ich würde die Abendschule besuchen. Ich weiß so wenig und ich würde gerne mehr wissen.

Als ich am Abend nach Hause ging, machte mein Herz einen Sprung. Da war mein Vertreter, er ging mit einer Dame. Er konnte mich nicht sehen. Er schien sehr in sie verliebt zu sein. Ich fühlte mich zum Heulen. Warum kann ich nicht vergessen. Das Wetter war so schön, aber ich konnte mich nicht daran erfreuen. Ich fühlte mich, als ob ich mich für den Rest meines Lebens an nichts mehr erfreuen könnte. Wie dumm bin ich, daß ich mich in einen Mann verliebe, von dem ich so wenig weiß.

Ich traf Mrs. Burns, als ich hereinkam. „Sie sehen heute nicht sehr fröhlich aus", sagte sie.

„Ich fühle mich erbärmlich, gerade sah ich den jungen Mann, von dem ich Ihnen neulich erzählt habe, mit einer anderen Frau."

„Haben Sie ihn denn noch nicht vergessen?"

„Ich werde ihn nie vergessen, ich kann nicht."

„Ich glaube, Sie werden sterben, wenn Sie eine wirkliche Liebesaffäre haben und er Sie sitzenlassen würde."

„Sie haben recht, Mrs. Burns, aber ich kann mir nicht helfen, oder? Ich wünsche, ich wäre anders."

„Sie müssen es versuchen."

Als ich am Abend zurückkam, erzählte Mary mir, daß die Frau ihres Liebhabers herausgefunden hatte, daß er mit ihr zusammen war, und so gemein zu ihm war wie nie. Sie fragte mich, was ich an ihrer Stelle täte.

Ich sagte ihr, ich würde ihn aufgeben. „Du hast

keine Chance, ihn zu heiraten. Daß er seine Frau nicht mag und sie sich nichts aus ihm macht, ist kein Grund für eine Scheidung. Du bringst dich nur in Schwierigkeiten."

„Ich würde lieber den Problemen ins Auge sehen, damit etwas geschieht, als Tag für Tag leben, bis man vergißt, daß man eine Frau ist", sagte Mary. „Du weißt nicht, was es mir wirklich bedeutet, ihn nur für ein paar Minuten jeden Tag zu sehen."

Weiß ich es nicht? sagte ich zu mir selbst.

Ich begann das Geschirr abzuwaschen. Es gab am Sonntagabend immer viel abzuwaschen. Egal, morgen nachmittag habe ich frei, ich werde ins Kino gehen. Dunkelheit wird mich umgeben und ich werde für ein paar Stunden sitzen und meine Füße ausruhen. Das Frühlingswetter machte mich sehr müde. Ich sehnte mich so nach einem freien Tag, an dem ich morgens nicht aufstehen muß. Ich muß arbeitslos sein, um dieses Vergnügen wieder zu haben.

Am Montagmorgen sagte Madam, daß ein Detektiv kommen würde, das Stehlen hatte nicht aufgehört. Er kam. Er war ein sehr dicker Mann. Ich dachte immer, Detektive wären dünn. Er saß in der Hotelhalle und ein Dienstmädchen nach dem anderen wurde von ihm befragt. Er schien alle unsere Vornamen zu kennen, denn als ich die Halle betrat, sagte er zu mir: „Nun Toni, wie alt sind Sie und wie lange arbeiten Sie schon in diesem Hotel?"

Ich war wütend; warum konnte er mich nicht mit meinem Nachnamen anreden? Ich bin nicht Toni für ihn. Ein Detektiv sollte ein gutes Benehmen haben, aber seins war wirklich schlecht. Er fand nichts heraus. Ich war froh, daß er am Morgen kam. Sonst hätte ich noch meinen freien Nachmittag in der Pension verbringen müssen.

Als ich ins Kino ging, traf ich eine Frau von einer Dienstbotenagentur. Wir unterhielten uns. Sie fing an über das Wetter zu reden und endete damit, daß sie sagte, ich sollte mal vorbeikommen, sie hätte gerade jetzt einige gute Angebote. Meine jetzige Arbeit war nicht schlecht. Ich mochte Madam wirklich gerne, aber ich mußte jeden Penny dreimal umdrehen, bevor ich ihn ausgab. Ich amüsierte mich im Kino, es gab dort so eine schöne Musik, es war ein Film aus Hollywood.

Wie reich manche Menschen sein können.

Als ich in mein Zimmer kam, schien es mir schäbiger und kälter als sonst zu sein. Ich steckte einen Penny in die Gasuhr. Ich hatte ein Buch zu lesen und ging ins Bett. Ich hätte heute wirklich etwas Wäsche waschen sollen. Früher war ich gewohnt, jedes Hemd, jede Unterhose, jedes Taschentuch zu bügeln, nun wusch ich sie, ließ sie trocknen und benutzte sie, wie sie waren. Ich bin zu müde am Abend. Um halb neun habe ich Schluß in der Pension. Wenn ich nach Hause komme, ist es viertel vor. Ich nehme abends gewöhnlich ein Bad, dann gehe ich ins Bett und zähle die Tage bis zu meinem nächsten freien Nachmittag.

Heute verlor Madam bei Mary die Beherrschung. Sie stritten sich um den Heizkessel, er lief aus und Madam sagte, Mary hätte ihn am Abend nicht richtig geschlossen. Mary sagte sie hätte. Ich habe Madam noch nie so wütend gesehen. Mary weinte und kam um Anteilnahme schluchzend in die Küche. Statt dessen sagte ich zu ihr: „Du hast doch gemerkt, daß sie schlecht gelaunt war, so hättest du sagen sollen ‚Ja, ich habe den Heizkessel offen gelassen', auch wenn du ihn zugemacht hast. Man kann nicht mit Ladies reden, sie haben immer recht und das Mädchen hat immer unrecht. Wenn du das bisher noch nicht gelernt hast, so hast du sehr wenig gelernt."

Was ich nicht verstehen konnte, war, daß Mary bestimmt etwas Geld gespart hatte, warum eröffnete sie nicht einen kleinen Laden, anstatt sich Madams Nörgeln anzuhören. Madam hatte wirklich etwas gegen Mary. Manchmal haßte sie sie. Manche Menschen machen, wenn etwas in ihrem Leben falsch läuft, jemanden anderen dafür verantwortlich, auch wenn das arme Wesen überhaupt nichts damit zu tun hat. Mary war ein Sündenbock. Jemand anderes hätte die Pension schon längst verlassen. Aber die Trinkgelder übten auf sie eine magische Kraft aus. Sie war bereits fünf Jahre in der Pension; es war schwer für sie, wegzugehen.

Am nächsten Tag war Madam wie immer. Mary hegte keinen Groll mehr gegen sie und sagte nur: „Madam ist so freundlich zu mir."

Mary war wirklich wie ein Hund, der — in einem Wutanfall getreten — einen mit seinen kleinen Augen anguckt, als wollte er sagen: „Warum habe ich dich wütend gemacht? Bitte verzeih mir."

Ich nahm mir vor, die Agentur an meinem nächsten freien Nachmittag aufzusuchen. Ich wollte nicht, aber es gab keine andere Möglichkeit. All meine Kleider waren abgetragen, und ich konnte kein Geld zur Seite legen, um mir neue zu kaufen. Wenn ich daran dachte, daß ich demnächst wieder „zuhause" schlafen muß, bekam ich Bauchschmerzen. Jetzt gehe ich jeden Morgen weg und komme abends nach Hause. Aber bei meiner neuen Arbeit, wenn mein freier Nachmittag vorbei ist, dann wird es so sein, als wenn sich das Gefängnistor hinter mir schließt und an meinen nächsten freien Nachmittagen wieder öffnet. Lieber Gott, gib mir bitte eine angenehme Arbeit. Als ich ein Kind war, schloß ich in meine Gebete alle Menschen, die in Not waren, ein. Ich darf nicht murren, Gott wird mich nicht verlassen. Ich zog mein Kleid an, einen sauberen Kragen, wusch Hände und Gesicht und ging zur Agentur.

Sie kannten mich bereits von früheren Gelegenheiten. Ich notierte auf einen Zettel den Namen und die Adresse zweier Ladies und man sagte mir, ich solle neue holen, wenn diese mir nicht gefielen.

VII

Also ging ich und stellte mich Mrs. Wallis vor. Das Haus war wohl von der größeren Art, soweit ich es von außen sehen konnte. Nun gut, es würde mich nichts kosten, hineinzugehen. Mrs. Wallis war eine Frau um die 50. Es gab auch eine Tochter. Sie begann mich auszufragen und erklärte mir meine Aufgaben. Der Lohn war hoch. Die Aufgaben waren so zahlreich wie die Fliegen an einem heißen Tag in einem Schlachterladen. Da das Gehalt gut war und ich so viele Dinge brauchte, sagte ich „Ja". Aber ich sagte zu Mrs. Wallis, daß ich, da ich noch angestellt war, zu ihr erst in 10 Tagen kommen könne, nicht eher. Sie war nicht erfreut, aber da Dienstmädchen sehr rar waren, einigten wir uns.

Als ich ging, traf ich die Putzfrau, die mir ins Ohr flüsterte: „Das letzte Mädchen hatte einen Nervenzusammenbruch, nehmen Sie diese Arbeit nicht."

„Zu spät, meine Liebe, sie hat mich bereits eingestellt."

„Das tut mir leid", sagte sie.

In diesem Augenblick kam Mrs. Wallis heraus. Sie mußte uns wohl flüstern gehört haben. Ich beschäftigte mich mit meinen Schuhschnallen und ging.

Wieder habe ich die erstbeste Arbeit genommen. Manche Menschen lernen aus Erfahrung, aber ich nicht. Ich bin wirklich ein hoffnungsloser Fall. Ich denke, ich nahm es hin, um nicht den Kinofilm am Abend zu verpassen. Das Kino ist für mich wie eine Droge. Drei Stunden still sitzen zu können. Schließlich ging ich doch nicht ins Kino. Meine neue Arbeit beunruhigte mich ein bißchen. Wenn schon die Putzfrau mich, ohne mich überhaupt zu kennen, warnt — es macht ihr nur mehr Arbeit, wenn ich die Arbeit nicht nehme. Auf jeden Fall mußte sie eine freundliche Frau sein — und das war sie.

Ich sagte zu mir selbst: es gibt dort nur zwei Personen, Mutter und Tochter, es kann so schlimm nicht sein.

Als ich nach Hause kam, sagte ich Mrs. Burns, daß ich wegen meiner neuen Arbeit in zehn Tagen gehen werde. „Ich freue mich nicht, Sie zu verlassen und ich freue mich nicht auf meine neue Stelle."

„Sie wissen, Toni, ich kann nicht anders, als mich um Sie zu sorgen. Sie sind ein intelligentes Mädchen, aber Sie machen nicht das Beste daraus. Warum nehmen Sie immer die erstbeste Arbeit? Was ist das gute, wenn Sie nach ein paar Tagen wieder arbeitslos sind?" — Und ich war es.

In der nächsten Woche sagte ich Madam, daß ich in einer Woche gehen würde, da ich eine neue Stelle anfange. Sie fragte mich, warum ich ginge.

„Da ich mit dem Lohn, den ich hier bekomme, nicht zurechtkomme."

„Ich werde Ihnen ein Zimmer im Dienstbotenquartier geben", sagte sie, „das wird Ihnen Geld sparen."

„Vielen Dank, Madam, aber ich glaube, ich gehe besser."

Sie war böse, aber was hätte ich anderes tun sollen? Die Dienstbotenquartiere waren so entsetzlich düster und dunkel. Ich denke, wenn ich da schlafen müßte, hätte ich wohl jede Nacht schlechte Träume.

Am nächsten Tag mußte ich Tapeten abwaschen. Ich mußte die Leiter auf und ab klettern, auf und ab. Ich fühlte mich recht schwindelig. Aber egal, eine Woche geht schnell vorbei, und ich werde drei Tage nur für mich haben. Drei Tage und drei Nächte. Das wird sehr schön werden.

Mary war traurig, daß ich weggehen würde. Ich sehnte mich nicht gerade nach meiner neuen Arbeit. An meinem freien Nachmittag sah ich alle meine Sachen durch. Ich stopfte meine Strümpfe, flickte meine Hosen, machte die Wäsche — am Ende war alles sauber. Mrs. Burns kam in mein Zimmer und setzte sich zu mir, um etwas zu plaudern. Ich machte uns Tee. Es gab einen Rest Leberwurst. — Wir beide mochten dieses einfache Mahl sehr.

„Schade", sagte sie, „wenn ich Geld hätte, dann hätten Sie eine herrliche Zeit. Sie würden nur arbeiten, wenn Sie es wollten, am Nachmittag würden wir zusammen ausgehen und Sie hätten immer schöne Sachen zum Anziehen."

„Ja, es ist wirklich schade, daß die Reichen nicht arm, und die Armen nicht reich sind", sagte ich.

Am nächsten Tag wusch ich wieder die Tapete ab. Ich wusch Tapeten, bis meine Woche um war. Ich fühlte mich so müde, daß ich froh war, für drei Tage eine Pause zu haben. Am Tag bevor ich ging, erzählte Madam mir, daß sie einmal ein Stubenmädchen hatte, das bis Mitternacht gearbeitet habe. Ich antwortete: „Vielleicht litt sie unter Schlaflosigkeit." — Warum erzählte sie mir das alles?

Am Tage, als ich ging, hatte sie am Abend Gäste. Ich bin sicher, sie hätte sich die Zeit nehmen können, um in die Küche zu kommen und mir Auf Wiedersehen zu sagen. Ich mußte gehen, ohne sie noch einmal zu sehen.

Ich bin frei, frei für drei Tage. Als ich nach Hause kam, sagte mir Mrs. Burns, eine Dame wäre da gewesen, die mich sehen wollte. Sie hat ihre Adresse hinterlassen. „Wenn ich Sie wäre, da würde ich mich morgen auf den Weg machen und sie aufsuchen."

„Aber ich habe doch eine neue Stelle, auch wenn ich keine Lust habe, muß ich dort in drei Tagen anfangen."

„Ist doch egal, Sie können in einer Woche kündigen und diese Stelle in vierzehn Tagen beginnen."

„Ich könnte das machen, aber nun lassen Sie uns Tee trinken. Morgen muß ich nicht früh aufstehen.

Trotz meiner abgetragenen Kleider wollte ich heute mit keinem tauschen. Was für ein Unterschied, ein paar Tage lang keine sogenannte Lady oder Madam oder eine Mrs. Soundso zu sehen."

„Sie nehmen sie zu ernst", sagte Mrs. Burns.

„Eine alte Dame sagte einmal zu mir: ‚Toni, Sie müssen lernen zu lächeln.' Ich werde an dem Tag lächeln, an dem alle Hausangestellten, wie jeder andere Mensch auch, abends frei haben und die Sonntage für sich selbst."

„So weit wird es nie kommen", sagte Mrs. Burns, „glauben Sie mir. Aber nun wollen wir unsere Sorgen vergessen, der Tee wird kalt."

Am nächsten Morgen fühlte ich mich besser. Keine Lady wird mir heute sagen ‚Toni, ich möchte, daß Sie die Zimmer ausräumen und alle Möbel abwischen. Zum Mittag haben wir gebackene Grashüpfer mit Mäusen in Mayonnaise und als Nachtisch fritierte Katzenjungen. Das ist ein sehr einfaches Essen.'

Ich machte mich auf den Weg, um die Lady aufzusuchen, die gestern da war. Es war ein schöner Tag, ich mußte weit gehen, aber es machte nichts. Ich hatte sehr viel Zeit. Ich betrachtete die Häuser, an denen ich vorbeiging. Einige strahlten Behaglichkeit aus. Ich liebe alte Häuser. Schließlich kam ich an. Ich klopfte. Es war ein kleines Haus. Eine Lady öffnete die Tür. Sie war um die 30. Sie erschien mir sehr reizbar. Sie fragte mich nach meinen Referenzen. Ich zeigte sie ihr. Dann fragte sie, ob ich kochen könne. Ich sagte „Ja, und zwar sehr gut."

Sie sagte: „Es ist eine leichte Arbeit, es gibt nur meinen Mann und mich."

Ich sagte, ich hätte schon eine andere Stelle, aber ich glaubte nicht, daß ich es schaffen würde, da es ein sehr großes Haus ist. Ich muß diese Stelle hier annehmen und der Lady Gelegenheit geben, ein anderes Mädchen zu suchen.

„Das ist in Ordnung", sagte sie und stellte mich ein. Ich hatte nicht wie bei der anderen Stelle das Gefühl, daß es etwas wäre, was ich nicht schaffen könnte. Diese Arbeit schien mir recht einfach zu sein.

Ich fühlte mich wie eine Abenteurerin: in zwei Tagen fing ich die Stellung bei Mrs. Wallis an und in 14 Tagen ging ich in Mrs. Bradfords Haus.

Nach dem Gespräch hatte ich großen Hunger. Ich ging und ging, bis ich zu einem Lyons kam. Ich nahm eine Tasse Kaffee, zwei Brötchen und Butter. Und das schmeckte mir besser als gebratenes Lamm, gebratene Kartoffeln und einen Pudding mit dabei.

Ich saß da, beobachtete die Menschen — heute mußte ich nicht abwaschen; dann ging ich nach Hause und erzählte Mrs. Burns meine Neuigkeiten. Sie war sehr erfreut und sagte: „Ich hoffe, Sie werden in Ihrer neuen Stelle glücklich."

Ich las in einem Buch und ging früh ins Bett. Wie schnell waren die drei Tage vergangen — zu schnell. Am nächsten Morgen mußte ich meine neue Stelle antreten. Ich sagte Mrs. Burns auf Wiedersehen und bedankte mich für ihr Wohlwollen.

„Hören Sie", sagte sie, „auch wenn dieser Raum vermietet ist, können Sie immer in meinem Zimmer schlafen, ich habe ein Feldbett. Machen Sie sich keine Sorgen, am Ende wird sich alles zum Guten wenden, Sie können heiraten, Sie sind ein ganz gutaussehendes Mädchen; machen Sie es gut und viel Glück."

Ich fühlte mich wie ein verlorener Hund, so schrecklich einsam!

Ich fing meine neue Stelle an. Was für ein Haus! Ich mußte den Fußboden im Erdgeschoß reinigen. Es gab dort ein Wohnzimmer, ein Eßzimmer, eine Spülküche, eine Küche, eine Eingangshalle und alles war sehr groß. Ich tat was ich konnte. Der Gedanke, daß ich nach 14 Tagen wieder weg sein würde, half mir. Die Putzfrau machte den oberen Teil des Hauses. Mein Zimmer war im oberem Flur. Zur Abendbrotzeit mußte ich am Tisch bedienen, das war eine Aufführung. Alle saßen da, als hätten sie einen Stock verschluckt. Wenn ich mit dem Bedienen am Tisch fertig war, erhielt ich mein eigenes Abendbrot. Alles war kalt, ich konnte es nicht essen. Ich wusch das Geschirr ab. Ich war so müde — der erste Tag bei einer neuen Arbeit ist immer so anstrengend. Und ich hatte am Nachmittag keine freie Zeit. Es gab so viel zu tun und nur mich, um es zu tun. Die Putzfrau kam nur für ein paar Stunden am Morgen.

Ich war froh, als ich ins Bett gehen konnte. Ich war so müde, daß ich kein Bad mehr nehmen konnte. Gerade noch mal meine Hände und Füße waschen. Mein Zimmer war groß, mit zwei Betten. Sie hatten vielleicht einmal zwei Mädchen. Ich mußte um 6 Uhr morgens aufstehen, Frühstück war um 8. Eine Diele mußte vor dem Frühstück gemacht werden, der Heizkessel mußte auch gewartet werden. Ich war ein bißchen spät mit dem Frühstück. Mrs. Wallis sagte zu mir: „Was immer auch passiert, Toni, Frühstück muß pünktlich um 8 Uhr sein."

Ich bin gespannt, so sagte ich zu mir selbst, ob ich erschossen werde, wenn ich morgen früh 5 Minuten zu spät bin.

Die Putzfrau kam gegen 10 Uhr. Am Nachmittag putzte ich Silber. Morgen ist mein freier Nachmittag. Fast eine halbe Woche ist vorbei. Sich zu wünschen, daß die Zeit vergeht, ist genauso als ob man sich wünscht, daß sein Leben vorbeigeht.

An meinem freien Nachmittag besuchte ich Mrs. Burns. Ich erzählte ihr von meiner neuen Stelle. Es gab dort einen sehr schönen Garten mit vielen Obstbäumen und einem Tennisplatz. Und dann beschrieb ich das Haus. Einige der Räume hatten schöne Möbel. Mrs. Wallis war eine Frau um die 50 und es gab drei Töchter, nicht eine. Zwei gingen weg zur Arbeit und eine war zuhause. Mrs. Wallis war nicht von der schlechten Art, es gab nur so viel zu tun. Bei Tisch sich von einem Mädchen bedienen zu lassen ist vornehm, aber lächerlich. Es ist als hätte man ein Bad, und ein Mädchen wartet die ganze Zeit mit einem Handtuch. Und so mußte ich kalte Mahlzeiten oder gar keine essen. Das letztere passierte sehr oft.

Mrs. Burns erzählte mir ihre Neuigkeiten. Sie hatte das Zimmer jetzt an eine Kellnerin vermietet. Sie ist ungefähr 20 und sieht sehr gut aus.

„Ich weiß nicht", sagte Mrs. Burns, „wann dieses Mädchen schläft. Den ganzen Tag ist sie auf den Beinen, und am Abend geht sie tanzen. Sie ist ganz anders als Sie, Toni. Warum gehen Sie nicht tanzen, Toni?"

Ich sagte: „Ich bin zu alt, keiner würde mit mir tanzen."

„So dürfen Sie niemals denken, sonst will wirklich keiner mit Ihnen tanzen. Sie verbringen Ihren freien Nachmittag im Kino oder lesen Bücher."

„Ich gehe ins Kino, um einmal etwas anderes als mein eigenes Leben zu sehen."

„Vielleicht wissen Sie am besten, Toni, was gut für Sie ist. Aber am nächsten Sonntag werde ich Sie Annie — so heißt das Mädchen — vorstellen."

Um Mrs. Burns nicht zu beleidigen, versprach ich zu kommen.

Ich ging nach Hause, ohne ins Kino zu gehen. Ich war auch viel zu müde fürs Kino. Ich konnte das Mädchen von Mrs. Wallis verstehen, das einen Zusammenbruch hatte. Das Haus war so überfüllt mit Silber. Statt mich auszuruhen mußte ich den ganzen Nachmittag Silber putzen. Dann war Teezeit, und nachdem ich die Tassen und Teller abgewaschen hatte, mußte ich anfangen, das Abendessen zu kochen. Und nach dem Abendessen war ich so müde, daß ich hätte weinen können.

Immer wenn ich hörte, daß Mrs. Wallis mit ihrer Tochter redete, hörte ich sie über die Kirche reden. Für manche Menschen ist Gott eine Art Versicherung. Sie gehen in die Kirche, nichts kann ihnen passieren, sie haben ihre Pflicht getan. Alles egal. Wenn ich sterbe, möchte ich, daß auf meinem Grabstein geschrieben steht: Alles egal. Es beruhigt wie eine Tasse Tee.

Am Sonntag besuchte ich Mrs. Burns. Ich traf auch das junge Mädchen, das bei ihr lebte. Sie war tatsächlich sehr hübsch. Ihr Haar war golden und ihre Haut wie Rosenblätter. Ich habe noch nie jemanden gesehen, der so schön war. Sie fragte mich, ob ich Lust hätte, nach dem Abendbrot mit ihr tanzen zu gehen. Ich sagte „Ja". Ich wäre lieber ins Kino gegangen und hätte dort für 3 Stunden still gesessen, aber sie fragte mich auf eine so liebe Art, daß ich nicht nein sagen konnte.

Wir aßen alle zusammen. Mrs. Burns hatte Freude daran, die Gastgeberin zu spielen. Es ist schade, daß sie keine eigenen Kinder hatte. Sie war so freundlich zu uns. Wir gingen zum Tanzen. Annie erzählte mir, daß sie dort einen jungen Mann träfe. Sie hatte ihm nicht erzählt, daß sie Kellnerin sei, sie erzählte ihm, sie sei eine Krankenschwester.

„Warum tust du das?" fragte ich sie.

„Weil er aus einem sehr reichen Haus kommt und seine Eltern hätten vielleicht etwas dagegen, wenn ich erzählt hätte, ich sei bloß eine Kellnerin."

„Wenn er dich mag, da bin ich doch sicher, ist es ihm völlig egal, was für einen Beruf du hast."

„Jetzt habe ich ihm schon so viele Lügen erzählt — manchmal bedrückt es mich. Ich weiß nicht, wie ich da wieder herauskommen soll."

„Du kannst so nach und nach", sagte ich ihr.

Wir erreichten die Halle. Ich war Jahre nicht mehr in einem Tanzsaal gewesen. Ich hatte das Gefühl, als ob ich aus unbewußter Peinlichkeit auf meine eigenen Füße treten würde. Annis junger Mann kam auf sie zu. Sie stellte mich ihm vor. Er war ein gutaussehender Junge. Beide sahen so hübsch aus, wenn sie zusammen tanzten. So jung und verliebt, das muß wundervoll sein.

Ein Mann in meinem Alter sprach mich an: „Ich

glaube, Sie sind wie ich, Sie machen sich nichts aus Tanzen. Würden Sie mit mir in den Garten kommen? Es ist so ein schöner Abend, so mild."

Ich machte mir etwas aus Tanzen, aber ich ging mit ihm.

Er fragte mich, ob ich oft hierher käme.

„Es ist das erstemal, daß ich in diese Tanzhalle gekommen bin."

„Bei mir ist es genauso", sagte er.

Dann fragte er mich, ob ich viele Freunde hätte. Ich sagte, ich hätte keinen. Er sagte: „Ich bin in eine Frau verliebt, aber sie macht sich nichts aus mir. Früher tat sie es, aber nun hat sie es vergessen. Es erscheint etwas ungewöhnlich, daß ich Ihnen diese Dinge wenige Minuten nach unserer Bekanntschaft erzähle. Aber Sie sehen so verständnisvoll aus."

Ich fühlte mich ein bißchen verletzt. Ich war Frau genug, um hierher zu kommen, um mich zu amüsieren; Trübsal bekam ich während der Woche genug. Ich versuchte über etwas anderes zu reden, ich fragte ihn, ob er Bücher mochte.

„Wenn ich nicht schlafen kann, dann lese ich", sagte er.

„Ich liebe Bücher und ich wünsche mir, ich hätte Zeit zu lesen."

„Können Sie sich denn keine Zeit nehmen?"

„Mein Tag beginnt um 6 Uhr morgens und endet um 9 Uhr abends, manchmal später."

„Das tut mir leid, was für eine Arbeit ist es denn?"

„Ich bin ein Dienstmädchen."

„Das ist die schlechteste Arbeit, die Sie sich hätten suchen können."

Ich sagte: „Es muß nicht sein, es könnte so eingeteilt sein, daß ein Dienstmädchen um 5 Uhr nachmittags frei hätte, wenn die Menschen lernen würden, Kleinigkeiten selbst zu machen. Aber womit verdienen Sie ihr Geld?"

„Ich habe ein Tabakgeschäft, damit verdiene ich mein Geld, und ich bin mein eigener Herr, keiner ist über mir."

„Wie schön es ist, unabhängig zu sein", sagte ich, „und den ganzen Sonntag frei zu sein."

„Den ganzen Sonntag", sagte er.

„Wenn ich zurückkomme", sagte ich, „muß ich Kohle holen, den Heizkessel füllen und den Frühstückstisch decken."

„Lassen Sie doch den Heizkessel ausgehen", sagte er, „und decken Sie nicht den Tisch."

„Dann muß ich eine halbe Stunde eher als gewöhnlich aufstehen, das ist alles. Was immer geschehen mag, das Frühstück muß um 8 Uhr auf dem Tisch stehen, sagt meine Lady immer, und deshalb muß ich jetzt wohl besser nach Hause gehen."

„Werden Sie am nächsten Sonntag wieder hier sein?"

„Vielleicht, ich kann es nicht versprechen, weil ich in der nächsten Woche eine neue Stelle beginne."

„Versuchen Sie doch zu kommen", sagte er.

Er ist nicht in mich verliebt, er ist mir ziemlich egal, aber wir können zusammen reden. Als ich nachhause kam, badete ich und ging ins Bett. — Eine Woche noch und ich bin hier weg.

Am Montag hatten wir Fische zum Mittag, getaucht in Eierteig. Ich weiß nicht, ob etwas mit dem Mehl nicht stimmte oder weil es Montag war, aber ich konnte den Teig nicht machen, er war voller Klumpen. Mrs. Green, die Putzfrau, kam mir zu Hilfe. Sie warf meinen Teig weg, und wir machten einen neuen. Ich war so froh, ich hätte sie küssen können. Sie war so eine arme Frau, ihr Ehemann war sehr krank, und sie mußte ihn pflegen, ihre eigene Arbeit machen und dann hier herkommen, wo sie sehr hart arbeiten mußte.

Mrs. Wallis sagte zu mir, daß ich am nächsten Morgen um 5 Uhr aufstehen müsse, da ihre Töchter in die Ferien fahren würden und sie ihr Frühstück sehr früh haben wollten.

Am besten, ich ginge gar nicht ins Bett, sagte ich zu mir selbst. Ich erzählte Mrs. Wallis, daß ich in einer Woche gehen würde, da ich eine andere Stelle hätte.

„Gefällt es Ihnen hier nicht?"

„O doch", log ich, da ich an Höflichkeit glaubte. „Aber die Arbeit ist mir zuviel und ich bin nicht so stark."

„Das tut mir leid, Toni, Sie hätten mir sehr gut gepaßt."

Jeder paßte ihr, der ohne Pause von morgens früh bis in die Nacht arbeitete.

Ich versuchte, mich mit dem Abwasch zu beeilen, da ich morgen eine Stunde eher aufstehen mußte. Den ganzen Tag hatte ich so viel zu tun, daß ich kaum glauben konnte, daß es gestern war, als ich tanzen war. Annie und ihr Freund — sie mußten sehr glücklich sein. Der Mann mit dem Tabakgeschäft — ich hätte gerne gewußt, wie die Frau so war, in die er verliebt war. Ich mache mir nichts aus ihm und werde es nie tun. Werde ich je den Vertreter vergessen? Verrückt. Aber nun muß ich versuchen zu schlafen.

Ich liebe diese wenigen Minuten am Abend, wenn ich in mein Zimmer komme und bevor ich einschlafe. Ich bin ganz allein. Ich denke an alle möglichen Dinge — es ist so ruhig. Ich wünschte, ich wäre nicht so müde. Anstatt nur wenige Minuten für mich zu haben hätte ich gerne ein paar Stunden. Ich sehne mich nicht danach, reich zu sein, nur danach, Zeit zu haben — Zeit für mich selbst. Ein bißchen mehr Zeit — nur die Nacht gehört mir; das ist alles, was ich habe.

Als ich am nächsten Morgen aufstand, war mir sehr schwindelig. Ich mußte etwas gegessen haben, was ich nicht vertrug. Und ich hatte so viel zu tun. Ich tat was ich konnte, aber ich konnte mich kaum auf meinen Füßen halten.

Mrs. Wallis gab mir eine Medizin; hinterher fühlte ich mich besser, aber schwach. Ich schaffte das Frühstück, ich kochte das Mittagessen. Mrs. Wallis ging am Abend weg. Ich mußte kein Abendessen kochen — was für ein Segen. Ich wäre gerne ins Bett gegangen, aber ich mußte meine Unterhose, die Strümpfe usw. waschen. Ich überlegte, wie meine nächste Stelle wohl wird. Die neue Lady, zu der ich gehe, sah so reizbar aus. Ich hoffe, sie wird mich nicht anschreien. Das kann ich nicht aushalten. Daß ich einmal zu einer wirklich netten Lady käme, dieser Gedanke kam mir gar nicht.

Ich beendete die Woche bei Mrs. Wallis. Sie sagte mir, daß, wenn ich diese neue Stelle nicht mögen würde, ich zu ihr zurückkommen könnte. Was für eine Aussicht. Ich hoffe, ich werde mich verbessern und nicht diese endlosen Stunden arbeiten.

Ich ging am Sonntag nicht zum Tanzen, da ich so müde war. Morgen werde ich eine neue Stelle anfangen. Ich wechsle und wechsle. Früher, da hatte ich die Angewohnheit, wenn ich eine neue Stelle antrat, zu singen: Ich bin sicher, das wird das richtige Zuhause für mich. Wie oft habe ich das gedacht. Nun wechsle ich ohne Gefühlsduselei. Ich fand noch nie eine Stelle, bei der ich mich zuhause fühlte. Und vielleicht werde ich sie nie finden.

VIII

Am Montag morgen verließ ich Mrs. Wallis und nahm einen Bus zu Mrs. Bradford. Ich klingelte. Sie war bereits angezogen, um Einkaufen zu gehen. Sie war offensichtlich sehr froh, daß ich kam.

Ich trug meinen Koffer in mein Zimmer, zog eine Kittelschürze an und ging hinunter. Sie sagte: „Wir haben ein großes Essen zur Lunchzeit. Es gibt gebratenen Fisch, Kartoffeln und Pudding. Am besten machen Sie den Teig gleich, es ist immer besser, wenn er einen Augenblick ruht."

Ich hoffe, mir gelingt der Teig gleich richtig, ohne Klumpen, sagte ich zu mir selbst.

„Ich bleibe nicht lange weg", fuhr sie fort, „Sie können das Eßzimmer in der Zwischenzeit abstauben", und dann ging sie fort.

Ich war mit meinen Gedanken allein. Ich wünschte, die ersten Tage wären vorüber, es sind immer die schwierigsten.

Das Haus war nicht sehr groß. Bald war Mrs. Bradford wieder zurück. Ich mischte den Pudding, schälte die Kartoffeln; ich war schrecklich nervös. Werde ich um ein Uhr fertig werden, wird der Pudding gekocht, werden die Kartoffeln gar sein? Ich weiß nicht, wie viele Male ich mit dem Messer in die Kartoffeln stach, um zu sehen, ob sie gar waren — eine Sache, die ich niemals vorher gemacht habe. Was ist über mich gekommen? Ich bin sicher, ich werde an die Luft gesetzt. Ich fühlte mich, als hätte ich noch nie eine Mahlzeit gekocht. — Zuletzt war das Essen fertig. Als ich die Kartoffeln abgoß, fiel der Deckel vom Topf ab und alle fielen in den Abfluß. Ich hätte schreien können, sie sind alle in Stücke zerbrochen. Ich sammelte sie auf, tat sie in die Gemüseschüssel und servierte das Essen.

Ich hatte mein eigenes Essen, aber ich konnte nicht sehr viel essen, ich war so erschöpft. Ich wusch ab. Als ich die Küchenarbeit beendet hatte, kam Mrs. Bradford heraus. Sie sagte, ich könnte meine Koffer auspacken und bis zum Tee eine Pause machen. Ich war sehr dankbar.

Ich hatte ein schönes Zimmer. Ich räumte meine Sachen weg. Vielleicht werde ich hier glücklich werden. Ich saß auf meinem Bett, ich hätte mich gerne für ein paar Minuten hingelegt, aber ich hatte Angst, einzuschlafen.

Bald war Teezeit. Ich schnitt Brot und Butter. Es gab viel Kuchen, ich tat alles auf den Teewagen und servierte den Tee.

Mrs. Bradford strickte. Sie fragte mich, ob ich auch strickte. Ich sagte, ich wäre im Stricken nicht sehr geschickt. Ich würde eher lesen, wenn ich Zeit hätte. Sie sagte, sie würde mir einige Bücher leihen. Ich bedankte mich.

Der erste Tag war vorbei. Ich hoffe, es wird morgen genauso glatt gehen. Ich fragte Mrs. Bradford, ob ich ein Bad nehmen könnte. Sie erlaubte es mir. Ich überlegte, was ich wohl morgen kochen sollte. Nach dem Bad fühlte ich mich viel besser. Meine Müdigkeit war verschwunden. Für ein sauberes Bett muß man dankbar sein.

Ich schlief nicht gut. In der ersten Nacht in einer neuen Stelle tat ich es nie. Am nächsten Morgen, als ich in die Küche kam, war der Heizkessel aus. Wie ärgerlich. Ich mußte Feuer machen, ich mußte das Eßzimmer moppen und Staub wischen. Dann machte ich das Frühstück. Nach dem Frühstück kam Mrs. Bradford heraus und zeigte mir ein Stück Papier, auf dem meine Aufgaben aufgeschrieben waren. Ich konnte sehen, daß sie sehr genau war.

Mr. Bradford war ein sehr gut aussehender Mann. Beide waren ziemlich jung. Trotzdem das Haus sehr klein war, hatte ich viel zu tun. Auch Mrs. Bradford war sehr beschäftigt. Niemand kam, aber sie zog sich immer um: zum Mittag, zum Tee und schließlich zum Abendbrot. Ich wunderte mich warum. Manchmal war nicht einmal ihr Mann zuhause, aber sie zog sich um. Stundenlang saß sie vor dem Spiegel und kämmte ihr Haar.

Montag war Waschtag. Ich mußte alles außer den Bettüchern waschen. Ich war froh, wenn ich mit dem Abendessen um 8 Uhr fertig war. Ich saß gerade ein paar Minuten auf meinem Bett, da klopfte es an der

Tür. Mrs. Bradford kam mit einem wütenden Gesicht herein und fragte mich, ob ich abends um 8 Uhr ins Bett gehen würde. Ich sagte, ich ruhe mich gerade ein bißchen aus. Sie sagte, ich sollte hinuntergehen und fertig bügeln. So ging ich hinunter und begann wieder zu arbeiten. Mein Rücken tat weh. Ich hoffe, Mrs. Bradford fühlt sich um so besser. Es ist nicht genug, morgens um 6 Uhr 30 aufstehen und bis 8 Uhr abends zu arbeiten.

Am nächsten Tag gab sie mir einen Kittel, einen sehr schönen Kittel. Ich war um Kleidung sehr verlegen, aber lieber wäre mir gewesen, sie hätte mich nicht aus meinem Zimmer herausgeholt und den Kittel für sich behalten.

Auch egal. Mrs. Burns würde sagen: worüber schimpfen Sie? Sie haben einen schönen Kittel.

Ich zählte die Tage bis zu meinem nächsten freien Nachmittag. Das einzige, was es zu tun gab. Wie langsam verging die Zeit.

An meinem freien Nachmittag besuchte ich Mrs. Burns. Sie war böse mit mir, daß ich am letzten Sonntag nicht tanzen gegangen war. „Wo, denken Sie, werden Sie Menschen treffen? Oder sind Sie immer noch in diesen Mann verliebt, Sie Verrückte?"

„Mrs. Burns, es ist sehr freundlich von Ihnen, daß Sie soviel Anteil an meinen Angelegenheiten nehmen, aber ich kann mich nicht ändern. Wenn ich könnte, dann würde ich versuchen, etwas anderes als ein Haussklave zu sein."

„Was ist denn an Ihrer neuen Arbeit verkehrt?" fragte mich Mrs. Burns

„Es ist nichts verkehrt, aber ich eigne mich nicht

zur Hausangestellten. Würden Sie es mögen, wenn Sie um 8 Uhr abends aus ihrem Zimmer geholt würden, um zu bügeln?"

„Ich muß sagen", sagte Mrs. Burns, „Sie sind wirklich ein Pechvogel."

„Es scheint mir, daß alle meine Ladies die selbe Schule besucht haben, wo sie gelernt haben, das Äußerste aus ihren Dienstboten herauszuholen. Ich bin verbittert heute, aber Sie wissen, ich muß bis nächsten Sonntag dableiben. Ich habe nur jeden zweiten Sonntag frei. Nur um das Nachmittags- und Abendgeschirr abzuwaschen!"

„Toni, ich wünschte, ich könnte Ihnen etwas vorschlagen, was Sie trotz Ihres Alters lernen könnten. Sie sind jetzt 35?"

„Ja" sagte ich.

„Ich bin eine dumme alte Frau. Mir fällt nichts ein, was Sie machen könnten. Ich hoffte, diese Stelle wäre die richtige Arbeit für Sie — nur zwei Personen. Was für eine Plage diese Frau ist."

Ich fragte nach Annie.

„Es geht ihr sehr gut."

Ich hasse es, zu meiner Stelle zurückzugehen. Ich wünschte, ich könnte hineinkriechen ohne gesehen zu werden, „Ich würde heute abend gerne ins Kino gehen, würde es Ihnen, Mrs. Burns, etwas ausmachen, mitzukommen?"

„Kaum", sagte Mrs. Burns. So gingen wir.

Es war bereits 6 Uhr nachmittags. Ich werde nach 10 Uhr zuhause sein. Ich werde morgen müde sein. Ich werde auf jeden Fall müde sein, also ist es besser, ich mache das Beste aus meinem freien

Nachmittag, da ich nächsten Sonntag dableiben muß. Wir sahen einen ganz guten Film. Mrs. Burns amüsierte sich und ich auch. Ich wünschte mir, der freie Nachmittag würde nie enden. Ich hatte das Gefühl, Mrs. Bradford war nicht zufrieden mit mir. Das machte mich unsicher. Vielleicht will sie mich rauswerfen. Was dann?

Ich kam bei mir zuhause an. Ich zögerte vor der Tür, weil ich sah, daß sie immer noch auf war, aber ich mußte hineingehen. Ich konnte nicht bis Mitternacht warten. Also öffnete ich die Tür sehr leise. Ich hatte Glück. Ich erreichte mein Zimmer, ohne sie zu treffen. Ich wusch mir die Hände und das Gesicht und ging ins Bett.

Eine ganze Woche werde ich bis zu meinem nächsten freien Nachmittag warten müssen. — Eine ganze Woche!

IX

Warum hatte ich Angst vor Mrs. Bradford? Wenn ich irgendwo Staub vergaß, dann wies sie mich stundenlang zurecht. Und kurze Zeit später machte sie mir ein Geschenk. Trotzdem sie einen sehr charmanten Ehemann hatte, war sie keine glückliche Frau. Sie erzählte mir, daß sie früher eine Schauspielerin war: sie heiratete mit 22. Ihr Ehemann war so in sie verliebt, daß er sie bat, die Bühne zu verlassen. Und nun ist sie eine verheiratete Frau und ich hatte das Gefühl, daß sie unaufhörlich dachte: ‚Wenn ich nicht die Bühne verlassen hätte, dann wäre ich jetzt eine berühmte Schauspielerin!' Daß sie nur eine zweitklassige Schauspielerin geworden wäre, kam ihr sicherlich nie in den Sinn.

Alles verärgert sie und am meisten ich. Ich krieche in Schuhen mit Gummisohlen herum, nur um keinen Lärm zu machen. Wenn ich in einen Raum komme und sie ist da drin und ich habe nicht angeklopft, dann fragt sie mich wütend: „Warum klopfen Sie nicht?" Sie schimpft, weil ich etwas Staub auf dem Klavier gelassen habe. Ich überlegte, ob sie sich glücklicher fühlen würde, wenn ich keinen Staub dort gelassen hätte. Sollte es passieren, daß ich in meinem nächsten Leben wieder ein Dienstmädchen werden würde, dann würde ich lieber ungeboren sterben; aber dieses glückliche Schicksal passiert nicht jedem Ungeborenen.

Mrs. Bradford hatte Besuch von ihren Eltern, was für nette Menschen.

Am Montag Morgen, völlig unerwartet, sagte mir Mrs. Bradford, ich sollte mir eine andere Stelle suchen. Ich sei nicht schnell genug für sie und kann noch nicht einmal Kartoffeln kochen. Vielleicht erinnert sie sich immer noch an die Kartoffeln, die ich am ersten Tag gekocht hatte und die in den Abguß fielen. Ich sollte in 14 Tagen gehen. Ich hörte, als ich am Wohnzimmer vorbeiging, wie ihre Eltern zu ihr sagten, sie sollte mich nicht gehen lassen. Ich sei verläßlich und insgesamt eine nette Person. Das ist das, was ich auch denke. Ich werde immer von den falschen Personen beschäftigt.

Über den Rauswurf war ich nicht erfreut, es war das erstemal, daß jemand mich rauswarf. Ich mochte keine Montage, an einem Montag kann einem alles passieren.

Ich machte die Wäsche, dann spülte ich sie aus und nahm sie nach draußen, um sie auf die Leine zu hängen. Ich stolperte und die ganze Wäsche fiel auf die Erde. Es gab nichts anderes zu tun, als sie aufzuheben und sie erneut auszuspülen. Als ich das beendet hatte, begann ich, das Essen zu kochen. Ich fühlte mich so niedergeschlagen. Mit der Zeit hatte ich mich an ihre Nörgelei gewöhnt, aber nun mußte ich gehen. Ich mußte mich wieder nach einer neuen Arbeit umsehen.

Ihre Eltern brachten eine schöne und angenehme Atmosphäre in das Haus, aber was Mrs. Bradford brauchte war wirklich harte Arbeit. Es war ja nicht meine Angelegenheit, aber das kleine Haus konnte sie selbst besorgen.

Ich zählte die Tage bis zu meinem nächsten freien Nachmittag. Wenn ich das Staubtuch aus dem Fenster ausschüttelte, beneidete ich die Menschen, die vorbeikamen. Wie schön muß es sein, wenn man frei ist. Jeden Tag nur für ein paar Stunden.

Aber egal. Zuletzt kam mein freier Nachmittag. Ich beeilte mich mit dem Abwasch, zog mich um und ging aus. Der Rauswurf quälte mich. Wieder nach einer Arbeit suchen, ausgefragt werden, Referenzen — und meine Kleidung ist so schäbig wie immer. Ich mußte die wenigen Schillinge, die ich kriege, für meine Arbeitslosigkeit sparen.

Mrs. Burns hieß mich herzlich Willkommen. Wir hatten uns eine Woche lang nicht gesehen. Sie sah sofort, daß ich nicht wie immer war. Ich erzählte ihr meine unerfreulichen Neuigkeiten. „Wo werde ich als Nächstes hinkommen?" sagte ich.

„Es tut mir so leid für Sie, Toni", sagte Mrs. Burns. Aber keine Angst, am Ende wird alles in Ordnung sein."

„Ich weiß nicht, ich fühle mich so schlecht. Ich habe nichts, worauf ich mich freuen kann. Auch wenn ich eine angenehme Stelle finde, ist es kein Leben für einen Menschen mit diesen zwei freien Nachmittagen in einer Woche, und wenn mein Nachmittag vorbei ist, zähle ich und werde ich immer zählen die Tage bis zu meinem nächsten Ausgang."

Aber hören Sie, Toni, vielleicht finden Sie einmal eine wirklich nette alte Lady, die Ihnen jeden Abend frei gibt. Was braucht eine ältere Person zum Abendbrot? Sehr wenig. Ich weiß, was Sie fühlen, aber Sie müssen immer denken, Gott wird Sie nicht vergessen. Jetzt, für heute abend sind Sie mein Gast. Erst werden wir etwas essen und dann gehen wir ins Kino."

„Sie sind so nett zu mir, solange ich Sie habe, bin ich nicht verloren."

Ich fühlte mich viel besser. Es gab mir ein Gefühl von Sicherheit. Solange ich in Gesellschaft von Mrs. Burns war, fühlte ich mich gut, aber wenn ich zu meiner Arbeitsstelle ging, dann fühlte ich mich schlecht.

Als ich nach Hause kam, war Mrs. Bradford noch auf. Sie bat mich ins Wohnzimmer und bot mir einen Sitz an. Zuerst fragte sie, ob ich eine schöne Zeit hatte und dann sagte sie, sie hätte gerne, daß ich bliebe (Ihre Eltern hatten sie offensichtlich überredet). Ich wünschte, ich könnte mir erlauben, zu sagen: „Nein, vielen Dank, ich werde gehen!" Sie hätte es verdient, aber ich mußte bleiben und mich an ihre Nörgelei gewöhnen. So sagte ich „ja" mit wenig Freude in meiner Stimme. Sie sollte nicht denken, daß ich völlig ihre Kreatur wäre, daß sie tun kann mit mir, was sie will; rauswerfen am Morgen, wiedereinstellen am Abend. Ich sagte Gute Nacht und ging in mein Zimmer.

Ich setzte mich für einige Zeit auf mein Bett, bevor ich mich auszog. Wenn ich mich doch nur daran gewöhnen könnte, daß der Tag ihr und nur die Nacht mir gehört. Und an meinem freien Tag bekam ich sogar einen Nachmittag und am Abend frei.

Am nächsten Tag sagte sie zu mir. „Sie können an jedem Sonntag Nachmittag ausgehen, aber Sie müssen abwaschen, wenn Sie wiederkommen. Ich sagte: „Danke, Madam". Sie war irgendwie verletzt, fühlte ich. Sie machte ein großzügiges Angebot und ich undankbare Kreatur sagte nur: „Danke, Madam".

Die Tage gingen vorbei. Sie versuchte nicht, an mir rumzunörgeln, ich konnte es sehen. Und ich arbeitete mit mehr Freude. Ich wischte, kochte und wusch und zählte meine Schillinge, die ich so sehr brauchte, um mir ein Kostüm zu kaufen. Ein blaues Kostüm. Ich mochte Blau und es kleidete mich.

Ihre Eltern gingen fort. Ich war traurig. Sie waren so nette Menschen und Gesellschaft für Mrs. Bradford. Sie hatte nicht viele Freunde. Manchmal, wenn sie allein ihr Mittag im Eßzimmer aß und ich meines alleine in der Küche, wunderte ich mich, ob sie nicht glücklicher wäre, wenn sie mich bitten würde, mit ihr zu essen. Ich weiß, wie man Messer und Gabel benutzt. So hatte ich nur den Heizkessel und den Abfluß als Gesellschaft. Manchmal wünschte ich, sie könnten reden. Den ganzen Tag allein — aber egal: morgen werde ich Mrs. Burns besuchen. Sie wird froh sein, wenn ich ihr meine Neuigkeiten erzähle, und daß ich sparen kann, um mir ein neues Kostüm zu kaufen. Ich muß auch für Mrs. Burns etwas Schönes besorgen.

Zuletzt kam mein freier Nachmittag. Als ich an Mrs. Burns Tür klopfte, antwortete keiner. Ich klopfte erneut und wieder — keine Antwort. Wie merkwürdig. Sie ist immer zu Hause. Plötzlich fühlte ich mich so allein. Ich sehnte mich so danach, sie zu sehen. Ich ging die Treppen hinunter, nahm einen Bus zur Regent Street. Ich sah in die Schaufenster. Ich werde zwei Monate sparen müssen, bevor ich mir ein Kostüm kaufen kann, so sieht es aus. So eine lange Zeit. Zwei Monatslöhne, aber ich kann es wahrscheinlich mehrere Jahre tragen.

Ich ging den Strand entlang und ins Lyons Corner Haus. Ich bestellte einen Tee und Gebäck. Wie schön, sich einmal hinzusetzen und sich das Essen bringen zu lassen. Ich guckte mich um. Ich konnte fühlen, daß mich jemand beobachtete. An einem Tisch, nicht sehr weit von mir, verbeugte sich ein Mann vor mir. Ich denke, ich wurde rot. Immer will ich so aussehen, als wäre ich nicht beeindruckt, aber wenn mich ein fremder Mann anlächelt, dann werde ich rot und drehe mich weg. Ich fühlte mich nicht sehr wohl. Ich fragte nach meiner Rechnung und verließ das Corner Haus. Als ich ging, spielten sie ‚An der schönen blauen Donau', was ich so sehr mochte.

Mrs. Burns würde sagen: „Wie dumm Sie sind, Toni:

Warum verlassen Sie den Tisch? Er hätte Sie nicht gefressen."

Es ist dumm von mir, so ängstlich zu sein. Was ich wirklich fürchte ist, daß ich nicht Herr der Lage bin, aber wenn ich immer Männer meide, wie werde ich jemals einen kennenlernen? Ich will Liebe, und sie wird nicht wie im Märchen zu mir kommen.

X

Es wird schon spät und ich muß nach Hause gehen. Wie traurig, daß ich Mrs. Burns nicht gesehen habe. Ich frage mich, wo sie war, als ich klopfte. So kehrte ich nach Hause zurück. Wiederum war mein freier Nachmittag vorbei.

Mrs. Bradford war bereits in ihrem Schlafzimmer. Ich guckte zum Heizkessel, er war fast aus. Ich mußte ihn harken und warten, bis der Koks zu glühen begann. Ich war so müde, aber es ist besser, jetzt nach ihm zu sehen. Wenn der Heizkessel morgen früh aus wäre, dauert es so lange, ihn wieder anzumachen. Mrs. Bradfords Badewasser wäre kalt und ich wollte ihr jeden Grund nehmen, mit mir zu schimpfen. Zuletzt brannte das Feuer und ich konnte ins Bett gehen.

Am nächsten Tag schien Mrs. Bradford keine gute Laune zu haben. Ich hätte Staub auf dem Klavier vergessen, sagte sie. Beinahe jeden Tag nahm sie das Staubtuch, mit dem ich den Eßzimmertisch abwischte, um ihre Schuhe zu säubern. Ich kann ja nicht zu ihr sagen: „Mrs. Bradford, bitte wischen Sie doch nicht Ihre Schuhe mit dem Staubtuch ab, es ist nicht hygienisch." Ich bin doch nur das Dienstmädchen, sie ist die Lady.

Ich hatte für mein Zimmer immer ein eigenes Staubtuch. Ich kannte einmal eine Lady, die erwartete von mir, daß ich das Abtropfbrett mit der selben Bürste schrubbte, mit der ich die Toilette schrubbte. Aber ich kann den Ladies keine Hygiene beibringen — ich bin nur ein Dienstmädchen.

Am Sonnabend mußte ich die Küche von oben bis unten aufräumen. Der Heizkessel rauchte. Am Ende hatte ich Kopfschmerzen, aber ich beendete die Küche. Ich mußte kein Abendessen kochen, Mrs. Bradford ging aus. So hatte ich einen Abend für mich allein. Ich wusch meine Unterwäsche, stopfte meine Strümpfe und ging ins Bett. Morgen ist Sonntag, und ich hatte die Erlaubnis, am Nachmittag auszugehen und abzuwaschen, wenn ich wiederkäme. Am Sonntag stand ich eine halbe Stunde später auf.

Wie schön wäre es, einen Morgen lang nur im Bett zu liegen, dann zu baden, sich anzuziehen und auszugehen. — Keine Chance. Wer würde nach dem Heizkessel sehen, das Frühstück machen, abwaschen, moppen und staubwischen, dann anfangen, das Sonntagsessen zu kochen und wieder abwaschen. Wenn wir Sonntags Besuch haben und ich nicht mein gewöhnliches Lächeln aufsetze — ich sage „gewöhnliches Lächeln", weil ich ein Lächeln trage, wie ich eine Haube trage — würde sie bemerken, daß ich mürrisch wegen der Extraarbeit bin. Ich habe nichts gegen ihre Besucher, aber ich habe so wenig Zeit für mich selbst. Wie schnell geht ein Nachmittag vorbei und ich muß früh nach Hause kommen, weil mein Tag morgens um 6 Uhr 30 beginnt.

Das Mittagessen fand den Gefallen von Mrs. Bradford. Ich schlang meines hinunter, wusch das Geschirr ab, machte mich fertig und weg war ich. Ich zählte die Stunden, bis ich zurück zur Arbeit sein mußte. Jetzt ist es 3 Uhr, ich muß um 21 Uhr zurück sein, dann abwaschen und die Küche aufräumen. Manchmal machte Mrs. Bradford Pasteten am Nachmittag, und dann ist Mehl und Fett auf dem Fußboden, auf dem Tisch und sogar an der Küchentür. Und sie würde nicht im Traum daran denken, es wegzuwischen.

Mrs. Burns war zuhause, Gott sei Dank. Sie gab mir einen Kuß und fragte mich, warum ich am letzten Donnerstag nicht gekommen wäre. Ich sagte ihr, daß ich geklopft und keiner geantwortet hätte. Mrs. Burns: „Ich bin nur zum Kaufmann gegangen, um Tee zu kaufen, und ich wäre zurück gewesen, wenn Sie einen Augenblick gewartet hätten."

Ich erzählte, daß Mrs. Bradford mich gebeten hätte, zu bleiben.

„Ich sage, was für eine Frau."

Ich sagte: „Sie ist nicht die Schlechteste. Sie versucht, freundlich zu mir zu sein, manche haben noch nicht einmal das gemacht. Und dann fühle ich, daß sie keine glückliche Frau ist."

„Wer ist das schon?" sagte Mrs. Burns. „Wir sind glücklich, solange wir jung sind und glauben, daß das Leben ein großes Abenteuer ist. Ich wünsche", fuhr sie fort, „ich könnte wieder jung sein. Ich würde alles anders machen."

„Ich weiß nicht, ob Sie es könnten", antwortete ich. „Als ich 20 war, sehnte ich mich nur nach

Liebe. Vielleicht ist das immer noch mein einziger Wunsch."

„Sie sind die größte Närrin, die ich je traf. Sie hatten mehr als ein Dutzend Stellen. Haben Sie viel Liebe in diesen Häusern gesehen?"

„Ich habe es nicht", sagte ich. „Aber was ist mit all den Bildern, Büchern und Gedichten, die Menschen über die Liebe machen?"

„Ich weiß es nicht. Vielleicht heiraten wir den falschen und finden es gewöhnlich zu spät heraus. Sehen Sie", sagte sie, „das Heiraten dauert nur fünf Minuten, aber die Ehe dauert eine lange Zeit."

„Warum lassen sich die Menschen nicht scheiden?" fragte ich.

„Sie tun es", sagte Mrs. Burns, „aber manchmal haben sie Kinder, und beide sind ihnen verbunden. Und Ihr Problem ist, daß Sie denken, Liebe ist so wunderbar, weil Sie keine Erfahrungen damit haben, und Sie laufen vor den Männern weg, so daß diese Sie nicht enttäuschen können. Ich habe zu meiner Zeit viele Männer getroffen. Ich sage nicht, daß Männer schlechter sind als Frauen, ich sage nur, sie verdienen einander."

„Entschuldigen Sie, Mrs. Burns, daß ich frage, aber haben Sie Ihren Mann verdient?"

„Ja, weil alles, was ich vom Leben wollte, Vergnügungen und schöne Kleider waren. Er wollte meinen jungen Körper; er hätte besser jemanden geheiratet, der viel älter war als ich. Manche Menschen werden spät im Leben erwachsen, manche niemals. Und bevor man andere Menschen kritisiert, sollte man etwas über ihre Herkunft wissen. Meine Eltern waren sehr arm, ich war das einzige Kind, sehr verwöhnt.

Meine Mutter nahm Wäsche an, um sie zu waschen und zu flicken. Ich erinnere mich, daß sie einmal so naß vom Waschen war, daß sie ihr heißes Bügeleisen auf ihr Kleid tat, um es zu trocknen. Dann war sie so müde, daß sie einschlief. Ich werde niemals ihren Schrei vergessen, als sie in ihrem brennenden Kleid aufwachte, es klingt immer noch in meinen Ohren. Wir mußten den Arzt rufen, für Wochen war meine Mutter sehr krank, dann ging es ihr besser. Meinen späteren Ehemann traf ich auf dem täglichen Weg zum Krankenhaus. Meine Eltern waren froh, daß ich jemanden mit Geld geheiratet hatte. Sie waren so arm. Sie sind sehr arm, Toni, aber Sie frieren selten und Sie müssen nicht ohne Essen ausgehen."

„Das ist wahr", sagte ich. Ich packte mein Päckchen aus, das ich mit mir hatte. Es war eine Bluse, die ich neulich für Mrs. Burns gekauft hatte. Sie war glücklich wie ein Kind. Wir aßen zu Abend zusammen, Brot, Butter, Käse und Tee, ich genoß es sehr. Ich fühlte mich so glücklich. — Noch eine halbe Stunde, und ich mußte gehen. Da fühlte ich mich so traurig, daß ich hätte weinen können. Aber ich unterdrückte meine Tränen und ging zurück zu den Bradfords.

Ich zog meine Sonntagskleider aus, zog die Kittelschürze an und ging hinunter in die Küche. Ich wusch das Geschirr ab, füllte den Heizkessel und ging ins Bett. Ich dachte an Mrs. Burns. Ihr Leben ist dahin zurückgekehrt, wo es begonnen hatte. Sie ist wiederum arm, aber sie ist reicher um viele Erfahrungen.

Ich hoffe, Mrs. Bradford wird morgen gut gelaunt sein. Es wird Montag sein — Waschtag.

Am Montag abend kamen einige Besucher, ein junges Mädchen und ein Mann um die vierzig. Er schien sehr in sie verliebt zu sein, aber man konnte merken, daß sie sich nicht viel aus ihm machte. Ich hörte, wie sie zu Mrs. Bradford sagte: „Ich kann mich nicht zur Liebe zwingen. Am allerliebsten würde ich eine gute Musikerin werden. Liebe wird den zweiten Platz in meinem Leben einnehmen." Sie war jung und stark, er eher schwächer, aber attraktiv. Mrs. Burns würde sagen: „Können Sie dort viel Liebe erkennen?" Aber ich dachte, es muß wundervoll sein, von diesem Mann geliebt zu sein, er hat viel Charme. Aber das Mädchen sah es nicht, sie war jung und schrecklich ehrgeizig.

Ich wünschte, ich hätte mich an den Gesprächen beteiligen können.

Nach dem Essen spielte Mrs. Bradford Klavier und das junge Mädchen sang. Sie hatte eine sehr schöne Stimme. Sie sang das Ave Maria von Schubert.

Am nächsten Morgen knallte Mrs. Bradford eine Tür nach der anderen zu. Ich überlegte, welches Verbrechen ich wieder begannen hatte. Sie öffnete die Küchentür und sagte zu mir recht böse: „Als ich gestern Abend Klavier spielte, habe ich dort auf dem Klavier Staub gesehen." Ich sagte nichts. Was kann man zu einer Frau sagen, die Staub auf dem Klavier sieht, während sie das Ave Maria von Schubert spielt?

XI

Morgen habe ich Geburtstag. Keiner weiß es. Ich werde 36 Jahre alt. Ich werde versuchen, alles gut zu machen, so daß Mrs. Bradford keinen Grund hat, mit mir zu nörgeln. Es gibt Menschen, die bekommen an ihrem Geburtstag Blumen, Schokolade und andere schöne Geschenke, eingepackt in Geschenkpapier. Ich wünschte, jemand würde mir ein Päckchen schikken, nur eins. Bevor ich es öffnete, würde ich mir zu gern überlegen, was drin sein könnte. Ich liebe es, Päckchen auszupacken, aber ich habe selten die Gelegenheit.

Am nächsten Tag feierte Mrs. Bradford ihren 5. Hochzeitstag. Sie erhielt Telegramme, Päckchen u.s.w., alles Mögliche.

Nun bin ich 36 Jahre alt. Der Tag verging wie jeder andere. Nichts Ungewöhnliches geschah. Ich fühlte mich traurig. Ich wollte, daß etwas geschieht, aber ich bin verrückt, ich erwarte immer, daß etwas passiert. Ich habe morgen frei — und das wird schön. Ich freue mich immer, wenn ich die Tür hinter mir schließe, aber mir gefällt mein Leben nie, wenn ich sie wieder öffne. Ich lebe in Furcht, in Furcht vor Mrs. Bradford. Manchmal starren mich ihre Augen an und eine Kleinigkeit wie ein Staubkorn kann sie aufbrausen lassen wie Feuer. Anschließend wird sie immer sehr freundlich und gibt mir ein Geschenk. Ich fühle mich dann so heimatlos. Wenn ich nur ein Zimmer für mich allein hätte, mit meinen eigenen Möbeln, wäre ich zufriedener. Aber wie kann ich daran denken, Möbel zu kaufen. Ich muß mein Geld sparen, um mir Kleider zu kaufen.

Mein freier Nachmittag ist gekommen. Ich ging ein wenig spazieren, bevor ich Mrs. Burns besuchte. Das Wetter war schön und ich vergaß alle meine Sorgen.

Mrs. Burns begrüßte mich mit den Worten: „Ich dachte schon, Sie werden heute gar nicht mehr kommen."

„Ich bin ein wenig spazieren gegangen, um etwas frische Luft zu schnappen. Und ich erinnerte mich, als ob es jetzt wäre, daran, daß ich als Kind eine große Mauer sah und mich fragte: was ist hinter der Mauer?"

„Was für komische Ideen Sie haben, Toni, hinter der Mauer ist dasselbe wie davor. Es gibt nicht so viele Geheimnisse im Leben wie Sie sich denken. Toni, wenn Sie ein paar Jahrhunderte früher geboren worden wären, wären Sie völlig glücklich. Unsere Zeit ist keine besonders romantische und es wird immer weniger romantisch."

Ich erzählte Mrs. Burns von dem Mädchen, das wir am Montag Abend zu Besuch hatten. „Und können Sie sich vorstellen, Mrs. Burns, sie stellt ihre Karriere über ihre Liebe."

„Was für ein kluges Mädchen, sie kann sich immer von ihrer Karriere zurückziehen, aber selten von ihrer Liebe.

„Aber er ist so sehr in sie verliebt, Sie sollten ihn gesehen haben. Er guckt ihr mit so viel Zärtlichkeit nach."

„Dieses Mädchen macht es richtig und Sie sind eine Närrin, Toni, ich habe es Ihnen schon einmal gesagt."

„Ich kann es auch nicht ändern, daß ich so bin, aber lassen Sie uns ins Kino gehen."

Wir gingen und sahen einen guten Film, es war genau wie im richtigen Leben und ich amüsierte mich sehr. Mrs. Burns mochte den Film nicht. Sie sagte: „Ich gehe nicht ins Kino, um einen kahlen Raum zu sehen und schlecht angezogene Leute. Das sehe ich den ganzen Tag. Ich muß nur mich selbst ansehen."

„Mir gefällt das. Sehen Sie, Mrs. Burns, wenn ich jetzt nach Hause komme, fühle ich mich nicht so unglücklich. Aber wenn ich im Film gemütliche Zimmer, Liebe und schöne Kleidung sehe, dann kann ich mir nicht helfen, dann fühle ich mich hinterher unglücklich."

„Ich kümmere mich nicht um hinterher", sagte Mrs. Burns. „Ich möchte mich am Jetzt erfreuen. Also auf Wiedersehen bis zum nächsten Sonntag."

Als ich nach Hause kam, war der Heizkessel beinahe aus. Ich mußte ihn durchharken und warten, bis er wieder brannte. Ich war so müde, wie gern wäre ich ins Bett gegangen. Zuletzt begann er zu brennen, ich wusch meine Hände und mein Gesicht, zog mich aus und ging zu Bett. Egal, ich habe noch ein Bett zum Schlafen: manche Menschen haben nicht einmal das.

Freitag ist Fensterputztag. Die Fenster waren so schmal — ein vollkommenes Ärgernis beim Säubern, und weil das Wetter trübe war, konnte ich sie nicht zum Glänzen bringen. Ich hoffe, Mrs. Bradford wird nicht mit mir schimpfen.

Während ich die Fenster putzte, sah ich den Möbelwagen an der nächsten Tür anhalten. Unsere Nachbarn mußten ausziehen. Sie waren ein älteres Ehepaar — sehr ruhig. Sie hatten kein Dienstmädchen; manchmal brachten sie Mrs. Bradford Blumen.

Nun muß ich mich beeilen. Es wird spät und ich muß noch das Mittagessen kochen. Es ist Freitag und wir essen Fisch, gebraten oder gekocht, und einen Pudding. Am Nachmittag werde ich einen Kuchen backen und dann werde ich entweder die Stunden zählen, bis ich ins Bett gehe, oder die verschiedenen Arbeiten, die ich noch erledigen muß, bis die Schlafenszeit kommt — je nachdem, was ich angenehmer finde. Diese endlosen Stunden von 6.30 am Morgen bis 8.30 am Abend. Manchmal habe ich das Abendbrot etwas vor sieben fertig — aber ich wage es nicht, es hereinzubringen. Mrs. Bradford würde mir nur sagen, ich hätte nichts anderes im Kopf als mich in meinem Zimmer auszuruhen. Tatsächlich, das tue ich, wer würde das nicht.

Ich habe zwei Stunden für mich allein: von 8.30 bis 10.30 abends. Manchmal flicke ich Sachen in diesen Stunden oder wasche meine Unterwäsche oder lese ein Buch; aber wenn ich mit dem Lesen beginne, sollte ich mich immer zuerst fragen: Habe ich wirklich nichts zu tun, nichts zu flicken?

Am nächsten Samstag sah ich die Lady, die in das Nachbarhaus einzog. Sie sah vergnügt aus, ihr Ehemann auch anziehend. Ich denke, sie müssen sich mögen, denn als ich die Veranda reinigte, sah ich, wie er sie zum Abschied küßte. Keinen Kuß auf die Stirn mit den Gedanken ganz woanders, sondern einen richtigen Kuß. Dann sah sie mich — ich errötete, aber sie lächelte. Sie ging hinein und ich setzte meine Arbeit fort. Wenn Mrs. Bradford so glücklich wäre wie diese Frau, dann würde ich mich besser fühlen. Ich glaube nicht, daß sie ihren Mann sehr mag.

Morgen ist Sonntag, aber es ist noch heute. Am Nachmittag mußte ich die Küche aufräumen. Mrs.

Bradford sagte mir, daß sie am Nachmittag ausgehen werden. Ich sollte einige Sandwiche machen und sie auf den Teewagen in der Wohndiele stellen. Ich tat so, als ob es mir egal wäre, ob sie zu Hause oder weg wären, aber ich hätte laut „Hurra" schreien können. Ich kann wohl noch nicht erwachsen sein, wenn es mir so viel Freude macht, daß meine Lady den ganzen Abend weg ist und ich sie nicht vor morgen früh wiedersehen werde. Man sieht sich zu oft, wenn man im Haus wohnt, das ist das ganze Problem.

Ein Zimmer für mich allein — ist das ein zu ehrgeiziger Wunsch? Vielleicht würde ich meine Arbeit um 17.00 beenden und wäre um 17.30 in meinem Zimmer. Als erstes würde ich mir eine schöne Tasse Tee machen und dann würde ich mein Zimmer aufräumen. Vielleicht könnte ich am Abend Vorträge besuchen. Am Morgen würde ich die Arbeit mit einem ganz anderen Gefühl beginnen. Ich würde nicht immer daran denken, meine Arbeit zu wechseln, ich wäre ziemlich zufrieden — aber das sind Träume, die niemals wahr werden können. Mrs. Bradford geht heute Abend aus; das ist alles, worüber ich mich im Augenblick freuen kann. Ich muß meine Wünsche vergessen, sonst verderbe ich mir den Abend.

Am Sonntag, als ich wegging, sah ich die Lady vom Nachbarhaus. Sie arbeitete im Garten, als ich am Haus vorbeiging. Sie lächelte mich an und ich grüßte sie. Sie war nicht ganz so jung, wie ich zuerst gedacht hatte, aber noch sehr attraktiv. Sie muß schnell arbeiten können, vorgestern ist sie erst eingezogen und heute macht sie bereits Gartenarbeit. Vielleicht habe ich eines Tages eine Gelegenheit, mit ihr zu reden.

Als ich aus dem Bus ausstieg und die Straße zu Mrs. Burns hinunter ging, traf ich den Vertreter und die selbe Lady, die ich zuletzt bei ihm gesehen hatte. Er grüßte mich sehr freundlich und ging vorbei. Ich fühlte mich, als ob ein Messer mich in zwei Hälften schnitte. Ich beneidete die Frau, die in seiner Gesellschaft war. Vielleicht fühlte sie sich nicht so glücklich, wie ich es an ihrer Stelle getan hätte. Warum mußte sie meinen Weg kreuzen? Und wieso berührte es mich so, ihn zu sehen? Ich erzähle Mrs. Burns besser nicht, daß ich eine Närrin bin. Ich war so glücklich an diesem Nachmittag, bevor ich ihn traf. Vielleicht ist er bereits mit ihr verheiratet.

Ich kam bei Mrs. Burns an. Sie sagte: „Sie sehen aus, als ob der Regen Ihren besten Hut verdorben hätte."

Ich sagte, daß ich Kopfschmerzen hätte.

„Ich werde eine Tasse Tee machen und die Kopfschmerzen werden vorbeigehen."

Wir tranken Tee. Mrs. Burns tat ein Kissen hinter meinen Rücken.

„Was für eine freundliche Seele Sie sind", sagte ich, „aber nun setzen Sie sich hin, ich kann es mir nicht gemütlich machen, wenn Sie so ein Getue um mich veranstalten."

„Aber Sie wissen doch, Toni, ich bin eine egoistische alte Frau. Ich sollte Sie hinauswerfen, damit Sie junge Menschen treffen können."

„Bitte schimpfen Sie mich nicht aus, ich höre genug von Mrs. Bradford über das, was ich tun sollte und nicht tun sollte."

„In Ordnung — aber Sie werden eine alte Jungfer, das ist alles, was ich sagen kann."

„Spielt das eine Rolle? Wenn ich heirate, werde ich vielleicht nicht glücklich werden."

„Sie hätten ein Zuhause für sich allein. Je älter Sie werden, desto schwieriger werden Sie es finden, mit Fremden zu leben."

„Sie wissen, Mrs. Burns, jeden Morgen, wenn ich aufwache, möchte ich weglaufen. Ich würde nur in das nächste Schlamassel geraten. Neulich sagte Mrs. Bradford zu mir, ich sollte das große Essen am Abend und nicht zum Mittag kochen. Wenn die anderen Mädchen ihre Fabriken und Büros verlassen, muß ich also anfangen, das Abendessen zu kochen. Ja, ich kann mich am Nachmittag eine oder auch 1 ½ Stunden ausruhen. Dann komme ich herunter, mache Tee, hole Kohlen, wasche ab und dann beginne ich wieder mit Kochen. Wenn ich dann am Abend in mein Zimmer komme, bin ich halb tot."

„Arme Toni, ich wünsche, ich könnte Ihnen helfen. Ich lade Sie zum Kino ein, das wird Sie aufmuntern. Das tut es immer."

„Ich weiß nicht, manchmal habe ich das Gefühl, ich werde nicht immer ein Dienstmädchen bleiben. Etwas wird geschehen. Eines Tages werde ich an alles denken, als ob es nur ein böser Traum war."

„Das ist richtig, Toni. Es wird eines Tages passieren."

„Manchmal denke ich, ich werde verrückt, eingeschlossen in einem Haus von Sonntag bis Donnerstag und dann wieder bis Sonntag. Ich glaube, wäre ich in einem richtigen Gefängnis, würde ich sterben, wie Vögel sterben, wenn sie man sie in einen Käfig sperrt. Nun ist es wieder Winter und es ist morgens so dunkel. Ich habe keinen Wecker. Ich wache einige Male in der Nacht auf aus Furcht, ich könnte verschlafen."

„Oh Toni, ich habe ganz vergessen, ich wollte Ihnen etwas über meine Nachbarin erzählen. Sie erinnern sich an Mrs. Smith. Ihr Bruder hat ihr einige hundert Pfund hinterlassen und sie gab mir zehn."

„Das ist eine gute Neuigkeit, ich freue mich sehr."

„Und nun lassen Sie uns ins Kino gehen. Ich werde gute Plätze nehmen und dann essen wir Fisch und Chips."

Wir amüsierten uns an diesem Abend beide sehr gut. Ich dankte Mrs. Burns und ging dann nach Hause. Wieder ein Sonntag vorbei. Und Morgen ist Montag, das ist unvermeidbar.

Am Montag regnete es heftig. Ich mußte die Wäscheleine in der Küche spannen. Das ganze Haus wurde davon feucht. Ich zog noch eine Molljacke an. Die Kälte und die Feuchtigkeit machten mich sehr müde.

Mrs. Bradford deckte den Tisch fürs Mittagessen. Ich werde das Hauptessen am Abend kochen müssen. Irgendwie fühlte ich mich mit der Küche verheiratet. Immer stand ich beim Ausguß, entweder wusch ich ab oder ich bereitete Gemüse vor. Ich darf nicht böse werden. Vielleicht wird das meine letzte Stelle als Dienstmädchen. Mein Traum wird wahr und ich werde ein Zimmer nur für mich selbst haben; ich werde Gott dann jeden Tag danken. Aber ich darf nicht tagträumen, ich habe beinahe die weiße Sauce anbrennen lassen.

Am Montag schimpft Mrs. Bradford selten mit mir.

Die letzten ein oder zwei Tage war sie bemerkenswert ruhig. Will sie zur Bühne zurück und brütet darüber nach? Merkwürdig, wie wenig Menschen voneinander wissen. Sie wird überrascht sein, wenn ich eines Tages kündige, aber sie wird jemand anderen finden.

Am Dienstag, als ich die Veranda putzte, ging die Lady aus dem Nachbarhaus vorbei. Ich grüßte sie. In ihr freundliches Gesicht zu gucken, war sehr belebend. Sie sagte etwas über das Wetter und, da Mrs. Bradford ausgegangen war, sagte ich ihr, wie schnell sie mit ihrer Arbeit sein muß, weil sie einen Tag, nachdem sie eingezogen war, schon Gartenarbeit machen kann.

„Ich war Krankenschwester", sagte sie, „und das machte mich so schnell. Und nebenbei liebe ich das Gärtnern. So beeile ich mich mit meiner Hausarbeit. Sie sind nie im Garten", fügte sie hinzu, „außer wenn Sie die Wäsche im Garten aufhängen."

Mrs. Bradford war zu sehen. So ging ich wieder auf die Knie und machte die Veranda fertig. Unsere Nachbarin ging hinein, was war sie für eine nette Frau. Ich überlegte, ob sie wohl auch so nett wäre, wenn ich in ihrem Haus beschäftigt wäre. Ich weiß es nicht. Einmal erzählte mir eine Zugehfrau: „Wir waren so gute Freunde, bis mich meine Freundin eines Tages bat, für sie zu arbeiten. Sie sagte, ich könnte mich wie zu Hause fühlen. Ich verlor eine Freundin, aber gewann eine Erfahrung. Arbeite niemals für eine Freundin. Frauen sind merkwürdige Wesen", sagte sie. „Was dieser Arbeit die Krone aufsetzte, war Folgendes. Ich lebte dort, sie hatte viele Katzen und eine hatte Durchfall. Der Arzt sagte, die Katze müsse warm gehalten werden. So hielten sie sie in der Küche, und wenn ich am Morgen in die Küche kam, gab es dort schrecklichen Dreck und grauenvollen Gestank. Was ich am liebsten hatte, war der Tee am Morgen, und nun konnte ich mich darüber nicht mehr freuen. Das Frühstück war die einzige Mahlzeit, die ich hatte, ohne unterbrochen zu werden."

Ich erinnerte mich so gut an die Zugehfrau, die mir diese Geschichte erzählte. Sie mußte wohl einmal bessere Tage gesehen haben, sonst hätte ein bißchen Katzendreck sie nicht so aus der Fassung bringen können. Sie fuhr fort: „Wenn ich von meinem freien Nachmittag zurückkam, dann mußte ich erst die Schweinerei in der Küche aufwischen und dann den verdammten Heizkessel füllen."

Armer Teufel, dachte ich für mich. Die Frau war um die 50, man hat in diesem Alter keine große Wahl, oder? Sie war auch nicht sehr stark. Ihre Freundin sagte ihr, sie sei kein menschliches Wesen, weil sie wollte, daß die Katze aus dem Haus käme. Ein Dienstbote ist kein menschliches Wesen, sondern ein Neutrum. Sie braucht keinen ganzen freien Sonntag. Wenn sie ihn hätte, hörte ich einmal eine Lady sagen, dann würde sie bis zum Nachmittag im Bett liegen. Dies ist natürlich das Privileg von Ladies.

Mrs. Bradford wurde krank. Sie hatte eine Erkältung. Ich sagte ihr, das Beste, was sie tun könnte, wäre ins Bett zu gehen. Sie hatte Grippe. Ich fühlte mich auch nicht besonders; mein Rücken tat weh, aber ich schaffte es. Ich trug das Essen hinauf an Mrs. Bradfords Bett. Für Mr. Bradford mußte ich einige Sandwiches machen, da er spät nach Hause kam.

Am nächsten Tag ging es Mrs. Bradford nicht viel besser. Ich ging einkaufen, was mir sehr gut gefiel. An einem Tag auszugehen, der nicht mein freier Nachmittag war, die Menschen und Läden zu sehen — was für ein Vergnügen! Im Viertel traf ich unsere neue Nachbarin. Ich sagte ihr, daß Mrs. Bradford Grippe hätte. Es tat ihr leid. Dann fragte sie mich, ob ich Lust hätte, sie am Abend, wenn ich mit meiner Arbeit fertig wäre, zu besuchen. „Sie müssen da sehr einsam sein."

„Das bin ich, aber ich bin daran gewöhnt."

„Das müssen Sie nicht", sagte sie. „Als ich in Ihrem Alter war, ging ich mit meinem späteren Ehemann tanzen."

Ich sagte: „Es muß sehr schön sein, mit jemandem zu tanzen, den man sehr mag. Waren Sie", fragte ich sie, „als Sie Ihren Ehemann nur einige Male in der Woche sahen, nicht glücklicher als jetzt, wo Sie ihn die ganze Zeit sehen?"

„Natürlich nicht", sagte sie, „ich bin viel zufriedener jetzt. Wenn Sie wirklich jemanden lieben, dann wollen Sie so viel wie möglich mit ihm zusammen sein." Sie summte einen Walzer.

Wir erreichten unser Ziel. Ich fühlte mich traurig. Ich unterhielt mich gerne mit ihr. Sie lud mich wiederum ein, sie an einem Abend zu besuchen, aber Mrs. Bradford sollte ich nichts sagen, meinte sie. Wie anders als ich ist diese Lady. Sie öffnet sogar die Tür unterschiedlich, sie öffnete ihre entschlossen, ich sehr zaghaft. Egal, vielleicht werde ich eines Tages die Tür zu meinem eigenen Zimmer aufmachen. Es muß keine Wohnung sein, nur ein Zimmer — ein Zimmer für mich allein.

Ich zog meinen Mantel aus und meinen Kittel an. Ich räumte das Haus auf und stellte das Essen für Mrs. Bradford auf ein Tablett. Sie hatte ein paar Bücher zum Lesen, so verging ihre Zeit nicht schlecht. Ich denke, ich werde in dieser Woche meinen freien Nachmittag nicht nehmen können. Ich kann sie nicht allein lassen, oder? Ich fühlte mich sehr friedlich, Mrs. Bradford lag im Bett, keiner nörgelte an mir herum und ich erledigte meine Arbeit doppelt so schnell. Ich freute mich wirklich darüber. Wie sehr muß unsere Nachbarin ihre Arbeit mögen — es ist ihr eigenes Haus. Sehr schwach höre ich Tanzmusik aus dem Nachbarhaus. Ich wundere mich, ob sie immer noch mit ihrem Ehemann tanzt. Ich würde so gerne das Radio anstellen, aber ich darf es nicht. Ich darf es nur anstellen, wenn beide weg sind.

Am nächsten Tag fühlte sich Mrs. Bradford viel besser, so daß ich am Nachmittag weggehen konnte. Als ich zu Mrs. Burns kam, sah sie sehr traurig aus. Ich fragte sie, ob es ihr nicht gut ginge.

„Mit mir ist alles in Ordnung", sagte sie, „aber Annie, Sie erinnern sich an sie, ihr junger Mann hat sie verführt, sie bekommt ein Baby von ihm und er will sie nicht heiraten, weil seine Eltern dem nicht zustimmen. Er ist der einzige Sohn und sehr verwöhnt."

„Das ist wirkliche Liebe", sagte ich, „und wenn ich daran denke, wie glücklich sie beide aussahen, als sie zusammen tanzten."

„Sie verläßt ihre Arbeit, bei der sie jetzt ist, weil alle Angestellten wissen, daß sie mit dem jungen Mann ausgeht und sie fragen, warum er nicht mehr kommt — sie hat es satt."

„Armes Ding", sagte ich, „ich wünschte, ich könnte ihr helfen. Wie traurig das Leben ist, und das arme ungeborene Baby. Ich glaube, ich könnte es nicht aushalten, wenn das mir passierte."

Mrs. Burns sagte: „Wie wäre es möglich, daß Ihnen so etwas passierte? Wenn ein Mann sich Ihnen nähert, laufen Sie davon. Manchmal denke ich, eine traurige Erfahrung ist besser als überhaupt keine."

Als ich Mrs. Burns verließ, war es sehr neblig. Ich nahm einen Bus, um zu den Bradfords zurückzukommen. Als ich aus dem Bus stieg, war es so neblig, daß ich mich verirrte. Ich konnte nirgendwo ein Haus und einen Menschen sehen. Ich war so geängstigt, daß ich zu weinen anfing. Ich werde niemals meinen Weg zurückfinden und ich bin so kalt und müde. Ich ging und ging, es schienen mir Stunden zu sein obwohl es nur ein paar Minuten gewesen sein konnten. Ich ging und ging — am Ende sah ich jemanden. Es war eine Frau. Ich erkannte unsere Nachbarin. Ich war froh. Ich erzählte ihr, daß ich mich verirrt hätte, mit ihrer Hilfe kam ich wieder nach Hause.

Mr. Bradford war noch auf. Er war ein sehr ruhiger Mann und immer sehr freundlich.

Ich konnte Annies traurige Geschichte nicht vergessen. Wie unglücklich muß sie sein. Irgend jemand wird sie in Zukunft heiraten, sie ist ein hübsches Mädchen, aber die nächsten Monate werden sehr hart für sie sein. Arme Annie.

Am nächsten Morgen stand Mrs. Bradford auf, obwohl sie sich noch schwach fühlte. Es regnete sehr stark, als ich einkaufen ging. Es war schade, daß es regnete, ich hätte mir gern ein paar Geschäfte angesehen, da ich etwas für Mrs. Burns kaufen wollte. Weihnachten rückte näher. Ich konnte Annie nicht vergessen. Wie glücklich war sie, als ich sie an dem Sommernachmittag sah. Und jetzt ist Winter, sie wird ihr Baby bekommen und ihr Freund wird sie nicht heiraten. Was für ein hinterhältiger, gerissener Junge muß er sein. Egal, er wird die Frau finden, die er wirklich verdient.

Ich raste zurück von meinem Einkaufsausflug. Mrs. Bradford war auf und ich bin sicher, sie wird einen Blick durchs ganze Haus werfen und mir sagen: Das ist nicht gemacht, dieses wartet auf Erledigung und Gott weiß, was noch.

Sie sagte mir, als ich nachhause kam, daß ich am zweiten Weihnachtsfeiertag mit ihnen im Eßzimmer Tee trinken sollte. Ich dankte ihr. Aber ich fühlte mich nicht glücklich, da ich immer für mich allein aß, so könnte ich es am zweiten Weihnachtstag ebensogut tun. Auf jeden Fall nörgelte sie nicht an mir herum. Ich war überrascht. Es ist bemerkenswert, ich habe im Dienst genau das selbe Gefühl wie in der Schule: ich erwarte immer, bestraft zu werden. Als ich die Schule verließ, war ich so glücklich. Ich wußte nicht, was für Überraschungen für mich bereit lagen. Ich weiß es bis heute nicht. Das kann nicht mein Leben sein — mit Fremden zu leben, vom Morgen bis zum Abend für sie zu arbeiten, zwei freie Nachmittage in der Woche frei zu haben und mit dem Vornamen angeredet zu werden wie ein 16 Jahre altes Mädchen. Bald werde ich vergessen, daß ich einen Nachnamen habe.

Weihnachten kommt näher. Mrs. Bradford kaufte einen Baum. Vielleicht bringt Weihnachten die Bradfords einander näher. Er sieht ernüchtert aus, als wenn er den Kampf aufgegeben hätte. Sie sollten Kinder haben. Es muß sehr schwer sein, in dieser Welt glücklich zu werden, so wenige Menschen sind es, und Menschen *könnten* glücklich sein — die Welt ist so ein wundervoller Ort. Wir alle wollen etwas, das wir nicht haben. Ich möchte ein eigenes Zimmer, Mrs. Bradford möchte gerne wieder Schauspielerin sein. Ich denke, alles was er will ist Friede. Friede — das schwierigste, was man in dieser Welt erreichen kann. Ich frage mich, ob ich Weihnachten wohl einen ganzen Tag frei bekomme. Nur einmal etwas länger schlafen. Nicht aufstehen zu müssen. Manchmal denke ich, ich bin nicht länger ein Mensch, sondern eine Maschine. Ich sollte eine Uniform tragen, die dasselbe Muster hat wie die Tapete, um besser ins Haus zu passen.

XII

Als ich an meinem nächsten freien Nachmittag zu Mrs. Burns kam, erzählte sie mir, daß sie eine gute Stelle für mich hätte. Ich sagte, daß ich nicht vor Weihnachten gehen könnte und auch nicht gleich danach.

„Oh doch, Sie können", sagte Mrs. Burns. „Es ist auch in einem Privathaushalt, Sie brauchen ein paar Tage Ferien und dann werden Sie anfangen."

„Was für eine Stelle ist es?" fragte ich. „Wie viele Personen sind im Haushalt und wie ist es mit meinem Ausgang?"

„Ich habe die Stelle nicht in der Tasche", sagte Mrs. Burns. „Ich habe die Anzeige in der Zeitung gelesen — hier ist sie: Eine Dame möchte eine ehrliche, gut kochende und ordentlich arbeitende Person einstellen, sehr guter Verdienst. Sie können schreiben und dann sehen. Hier ist etwas Papier und nun schreiben Sie sofort, sonst werden Sie sagen, Sie hätten keine Zeit zu schreiben oder könnten keinen Stift finden — ich kenne alle Ihre Entschuldigungen."

„Aber ich hatte gehofft, Mrs. Bradford wäre meine letzte Stelle in einem Privathaushalt."

„Das ist doch egal — vielleicht verdienen Sie doppelt soviel Geld wie jetzt."

„O. k., ich werde schreiben."

„So sind Sie ein liebes Mädchen. Bevor Sie den Brief zur Post bringen, werde ich draufspucken. Das bringt Glück. Eine Dame nur — stellen Sie sich das vor. Vielleicht gibt Sie Ihnen drei freie Nachmittage in der Woche frei."

„Es wird mir etwas schwerfallen, zu kündigen, da ich gerade ein recht gutes Verhältnis zu Mrs. Bradford habe."

„Bis zum nächsten Streit", sagte Mrs. Burns.

„Und ich hoffe, sie schenkten mir nicht so viel zu Weihnachten, es würde mir sehr schwerfallen, gleich hinterher wegzugehen. Vielleicht erhalte ich von der Dame auch keine Antwort."

Am nächsten Tag sagte ich zu Mrs. Bradford, daß ich gerne in einem Monat gehen würde. Sie starrte mich an und sagte zu mir: „Sind Sie nicht zufrieden?" Ich sagte: „Ich hoffe mich zu verbessern, und ich wollte es Ihnen vor Weihnachten erzählen, weil ich nicht möchte, daß Sie Geld für mich ausgeben." Diese wenigen Worte machten sie sehr ruhig. Sie sagte: „Es tut mir leid, daß Sie gehen. Ich wünsche Ihnen alles Gute."

Oft, wenn ich Speisen ins Eßzimmer brachte, hörte ich Mrs. Bradford über den Sozialismus reden. Sie erhob oft ihre Stimme in dieser Sache und konnte sehr böse werden. Sie nannte sich selbst eine Sozialistin. Aber warum gab sie mir dann nicht den ganzen Sonntag frei? Und warum konnte ich meine Arbeit nicht um fünf beenden? Ja, sie war eine Sozialistin, solange es ihren eigenen Komfort nicht störte. Ich denke, wenn man bei jemandem wohnt, bleiben einem nur noch wenige Illusionen über die Menschen. Vielleicht habe ich noch nicht die richtige Lady gefunden, vielleicht werde ich das nie.

Als ich Mrs. Burns bei meinem nächsten Ausgang sah, fragte ich nach Annie.

„Es geht ihr gut, sie ist nur sehr niedergeschlagen, das arme Ding. Anstatt zum Tanzen zu gehen, näht sie Kleider für ihr Baby."

„Welche Freude hätte ihr das unter anderen Umständen gemacht", sagte ich. „Hat sie denn keine Verwandten?"

„Ihre Eltern leben sehr weit weg, und sie will ihnen nichts davon erzählen. Es ist schrecklich, damit ganz allein fertig werden zu müssen."

„Ich war seit ewigen Zeiten nicht mehr im Kino, sollen wir nicht gehen und unsere Probleme vergessen?" sagte ich.

Wir gingen. Wir sahen einen sehr guten Film über Chopins Leben — wunderschöne Musik. Der Schauspieler, der Chopin spielte, hatte das Gesicht eines richtigen menschlichen Wesens. Auch der Professor war sehr gut. Mrs. Burns war sehr beeindruckt, besonders von den schönen Kleidern, die George Sand trug.

Und morgen soll der Kaminkehrer kommen. Gerade ein paar Tage vor Weihnachten. Und sie haben auch noch Gäste zum Abendessen. Eine Lady möchte immer, daß die Angestellten glücklich dreinschauen, wenn Gäste eingeladen sind. Es bedeutet doch nur mehr Arbeit für mich. Als ich mich am Nachmittag umzog und auf die Uhr sah, sagte ich zu mir selbst: fünf Stunden mehr zu arbeiten. Aber was immer morgen auch geschehen mag und wie schwer der Tag auch wird, ich werde mich an den Film erinnern und das wird mir vielleicht helfen. Was für ein schwieriges Leben Chopin gehabt haben muß. Er war ein Genie. Er legte seine ganzen Sorgen in die Musik.

Der Kaminkehrer kam. Er machte nicht viel Schmutz, er machte mir sogar das Feuer an, das war wirklich nett von ihm. Ich machte ihm eine schöne Tasse Tee.

Das Essen lief ganz gut. Es ist merkwürdig, wenn ich das Essen ins Eßzimmer trage, habe ich dieselben Gefühle, die ich in der Schule vor einer Prüfung hatte, und es ist noch schlimmer, wenn Besuch kommt. Diesmal kamen die Gäste eine Stunde zu spät, statt um sieben kamen sie um acht. Ich war mit dem Abwasch um neun Uhr fertig. Ich überlegte, ob ich wohl bei meiner neuen Stelle auch so lange aufsein werde wie hier. „Nur eine Dame."

Am Weihnachtsmorgen gab mir Mrs. Bradford zwei Paar Strümpfe. Ich erwartete tatsächlich nichts, da ich ja bald gehen würde. Immerhin war sie nicht gemein zu mir. Ich gab die Strümpfe Mrs. Burns. Ich hätte lieber etwas Geld, das ich beiseite legen könnte. Eines Tages habe ich vielleicht einen eigenen Raum mit eigenen Möbeln. Als Kind machte ich oft meine Augen zu und zählte bis zehn und sagte zu mir selbst, wenn ich sie wieder aufmachte: „Mein Wunsch wird erfüllt werden." Es passierte nie, aber ich gab das Wünschen nie auf.

Am zweiten Weihnachtstag lud mich Mrs. Bradford zum Tee ein. Ich wechselte mein Kleid, bereitete den Tee und ging ins Eßzimmer. Dann setzte ich mich hin, so steif wie meine Haube, wenn sie gut gestärkt war, aber egal, sie meinte es gut.

XIII

Sehr schnell vergingen die wenigen Wochen. Ein paar Tage vor Ende Januar verließ ich die Bradfords. Sie wünschten mir Glück. Ich war wieder einmal frei, nur für ein paar Tage. Ich bekam mein altes Zimmer bei Mrs. Burns, Annie war ausgezogen, sagte mir Mrs. Burns. Annie konnte das Zimmer nicht länger aushalten, denn als sie einzog, hatte sie gerade diesen jungen Schuft kennengelernt. Sie dachte, eine neue Umgebung hilft ihr beim Vergessen. Armes Kind.

Mrs. Burns war sehr erfreut, daß sie mich hatte und ich war auch sehr glücklich. Keiner wird am Morgen sagen: „Toni, ich möchte, daß Sie das und das machen." Und ich habe keine Angst, wie um alles in der Welt ich das nun wieder schaffen werde. Ich hatte noch nicht einmal einen Plan für morgen. Laß morgen kommen.

Als ich am nächsten Morgen aufstand, fühlte ich mich so glücklich — den ganzen Tag für mich allein — keinen Heizkessel, keine Kohle, die man schleppen muß, kein Lunch zu kochen, den ganzen Tag keinen Dienstherrn sehen — ich denke, es ist wie im Himmel.

Wir hielten unser Frühstück gemeinsam. „Was ich nicht verstehen kann, Mrs. Burns, ist, daß Mrs. Bradford die ganze Zeit über Sozialismus geredet hat. Aber wissen Sie, ich hatte in all diesen Monaten nicht einen Tag frei. Wie paßt das zum Sozialismus?"

Mrs. Burns sagte: „Weil sie denken, sie tun ihre Pflicht gegenüber der Menschheit, wenn sie über eine bessere Welt reden — Sie wissen aus Erfahrung, daß die Menschen, die zur Kirche gehen und über Religion reden, nicht immer fromm sind, das ist dasselbe."

„Wissen Sie, Mrs. Burns, manchmal am Abend meines freien Nachmittages, wenn ich zurück auf dem Weg zu meiner Arbeit bin, dann würde ich mich gerne einmal richtig ausweinen. Ich fühle mich wie in einem Käfig und solange ich ein Dienstmädchen bin, trage ich den Käfig mit mir."

„Toni, es gibt so wenige, die völlig frei sind."

„Ich weiß das, Mrs. Burns, aber mit dem eigenen Dienstherrn zu leben, ist wie mit Menschen zu leben, die eine andere Sprache sprechen. Diese lächerlichen

Ausgänge, zwei freie Nachmittage in der Woche. An den anderen Tagen hat man abends vor neun nicht frei."

„Ich verstehe Sie völlig, Toni, wenn Sie über Hausangestellte reden. Ich erinnere mich an mein Eheleben. Ich konnte nicht ausgehen, wann ich wollte. Am Anfang war alles gut. Alles war für mich neu, genug zu essen zu haben, in schönen Zimmern zu wohnen, hübsche Kleider zu haben — was für eine Wonne! Es ist genau dasselbe, als wenn Sie eine neue Stelle beginnen. Am Anfang sind Sie immer erfreut über Ihre neue Herrin, und sie vielleicht auch über Sie. Sie hatte ihr letztes Dienstmädchens über, beide zeigen sich von ihrer besten Seite. Aber nach einer gewissen Zeit ist sie enttäuscht, daß sie nicht mehr Arbeit aus Ihnen herausholen kann und Sie sind unglücklich, Sie können dieses Leben kaum aushalten. Aber nun baden Sie erst einmal und dann gehen wir aus."

Ich betrat das Badezimmer, es gab jede Menge heißes Wasser. Mrs. Burns tat etwas Badesalz ins Wasser. Ich glaube, nie im Leben werde ich ihre Freundlichkeit vergessen.

Nach dem Bad fühlte ich mich so jung und glücklich, ich bin jetzt fast 37. Manchmal denke ich, daß ich nicht so alt sein kann. Ich habe so wenig aus meinem Leben gemacht. Ich habe immer auf das große Abenteuer gewartet, das nie gekommen ist.

In wenigen Tagen beginne ich meine neue Arbeit. Mrs. Burns und ich gingen aus. Was für ein Vergnügen für uns. Mrs. Burns machte sich sehr hübsch zurecht. Sie hatte einen neuen Hut auf, der ihr sehr gut stand. Ich hatte mir immer noch kein Kostüm gekauft. Statt dessen spare ich das Geld, um mein eigenes Zimmer zu möblieren. Ich überlege, wie lange ich noch warten muß. Aber das ist egal, ich habe gelernt, geduldig zu sein.

Mrs. Burns genoß ihren Lunch und ich auch. Wenn man arm ist, hat man Freude an so vielen kleinen Dingen, sich einfach nur zum Essen hinzusetzen, ohne unterbrochen zu werden. An einem Tisch zu sitzen, ohne rechts den Heizkessel und links den Abwasch zu haben, ohne etwas auf dem Herd zum Umrühren, kein Telefon, an das man gehen muß.

Mrs. Burns sagte: „Brüten Sie nicht über Ihrer Vergangenheit."

„Das tue ich nicht, ich bin völlig glücklich. Ich wünsche, ich könnte nur meinen Körper in eine neue Stelle schicken, mit meinem Geist würde ich etwas anders machen."

„Was für komische Ideen Sie haben. Aber ich erinnere mich, als ich verheiratet war, und ich nicht ausgehen konnte, wenn ich wollte, gingen mir auch die merkwürdigsten Ideen durch den Kopf. Mein Mann ging gerne früh ins Bett, und er wollte, daß ich auch zu Bett gänge. Ich wartete, bis er eingeschlafen war, und dann verlor ich mich in meinen Träumen. Bevor ich heiratete, gab es einen Jungen, der mich sehr gerne mochte, aber er war arm. Und ich hatte es so satt, arm zu sein. Manchmal saß ich bis um zwei Uhr in der Nacht wach und dachte nach. Am Morgen war ich so müde, aber das war ja auch egal. Ich hatte so wenig zu tun."

„Ich wünsche, Mrs. Burns, ich könnte bis ein Uhr am Morgen aufbleiben und träumen."

„Tun Sie das nicht, Toni, ich bin wirklich eine böse, alte Frau, daß ich Ihnen das erzähle."

„Machen Sie sich keine Sorgen, Mrs. Burns, ich könnte niemals bis Mitternacht aufbleiben, selbst wenn ich es wollte. Sie wissen doch, wenn ich in mein Zimmer gehe, ist es gewöhnlich neun Uhr. Manchmal muß ich Strümpfe stopfen, und dies und das ist kaputt gegangen und ich muß es flicken. Nach einer halben Stunde fühle ich mich so schläfrig und müde, dann ziehe ich mich aus und gehe ins Bett. Diese paar Minuten, bevor ich einschlafe, liebe ich so sehr. Nur zu dieser Zeit in der Nacht bin ich tatsächlich ich selbst. Ich danke Gott, daß ich meinen Arbeitgeber nicht auch noch in der Nacht sehen muß, daß ich meine Tür schließen und allein sein kann. Seit ich Hausangestellte bin, fürchte ich nicht zu sterben, denn wenn ich sterbe, dann werde ich Frieden haben und Frieden ist alles, was ich will."

Nach dem Lunch gingen wir ins Kino. Es war kein besonders guter Film, aber ich amüsierte mich, weil ich mit Mrs. Burns zurückging. Ein paar Tage des Glücks, und dann muß ich meine neue Stelle beginnen. Warum ist es so schwer, in dieser Welt glücklich zu sein? Früher einmal wollte ich Liebe, einen Ehemann, Kinder, ein Zuhause — jetzt wäre ich mit einem eigenen Zimmer zufrieden. Es müßte gar nicht groß sein, es brauchte nicht viel in ihm zu sein, nur ein Bett, ein Tisch, zwei Stühle, ein Kleiderschrank — das wäre alles. Ich wüßte gerne, ob ich es jemals zusammenbekomme, ich hätte auch gerne sehr schöne Vorhänge. Vorhänge können so schön und zart wie Blumen sein.

„Von was träumen Sie?" fragte Mrs. Burns. Ich sagte es ihr. „Sie können immer noch heiraten, man weiß nie. Aber Sie lassen sich ja niemals von einem Mann überhaupt ansprechen, das macht es sehr schwer."

„Seien Sie doch nicht böse mit mir, ich bin so glücklich, ich habe ein paar Tage für mich selbst. Mrs. Burns, bitte, erzählen Sie mir doch mehr von sich. Hatten Sie niemals vor Männern Angst?"

„Niemals, außer einmal, als ich in den Musiker verliebt war. Ich hatte immer Angst, ihn zu verlieren und am Ende tat ich es. Es ist komisch, was wir vom Leben denken, wenn wir jung sind, was für Träume wir haben. Ich verbrachte meine Freizeit mit Schaufensterbummeln. Schöne Kleider bedeuten mir so sehr viel. Wenn ich etwas vernünftiger mit diesen Dingen gewesen wäre, dann wäre ich wohl eine glücklichere Frau geworden. Doch wer kann einem das sagen, vielleicht muß man solche Dinge in dieser Welt durchmachen, um herauszufinden, ob man in den Himmel oder in die Hölle kommt."

„Ich bin sicher, Mrs. Burns, daß Sie in den Himmel kommen und ich — ich denke, ich bin nicht schlecht genug, um in die Hölle zu kommen. Ich bin genau wie die meisten Menschen, ich wurstle mich so durch. Wie schön könnte das Leben sein, wenn wir uns an allem, was wir tun, von ganzem Herzen erfreuen würden. Ich glaube, dann wären die Menschen besser, zufrieden und glücklich."

XIV

Gut, ich bekam die Stelle bei der „alleinstehenden Dame". Verrückt, daß ich ja gesagt habe. Das Geld, das sie mir bot, war sehr gut und auch die Ausgangszeiten. Drei freie Nachmittage in der Woche, geradezu phantastisch. Sie lebte in einer Luxuswohnung in einem neuen Gebäudeblock — also mußte es ihr sehr gut gehen.

Am Anfang mochte ich die Lady sehr gern, Mrs. Hawkins war ihr Name, sie war ungefähr 70 Jahre alt, so sagte sie mir. Ich hatte gedacht, sie wäre älter. Sie hatte Nachthemden aus wunderbarer Seide, in rosa oder hellblau. Oft, wenn ich das Schlafzimmer betrat und ihr das Frühstück brachte, konnte ich sie sehen, wie sie vor dem Spiegel stand und ihre Figur betrachtete. Sie sagte: „Sehen Sie, wie dünn ich werde, und Sie haben so eine gute Figur." Solche Bemerkungen mochte ich nicht. Was wollte sie denn in ihrem Alter? Zur Schönheitskönigin gewählt werden?

Die Wohnung würde einfach sauberzumachen sein, sie war nicht überhäuft mit Möbeln und Teppichen. Ein Sohn kam am Wochenende nach Hause, aber während der Woche rief er sehr oft an und fragte, wie es seiner Mutter ginge.

Wenn wir allein waren, nahm ich die Mahlzeiten gewöhnlich mit der alten Dame ein — sie wollte Gesellschaft — aber wenn der Sohn da war, wurde von mir erwartet, daß ich in der Küche aß. Wenn ich ins Eßzimmer ging, um das Geschirr abzuräumen, sah ich ,wie Mrs. Hawkins die Hand ihres Sohnes hielt. Sie waren still, guckten sich nur an. Armer Mann, dachte ich; ich wußte nicht warum, aber er tat mir leid.

Am Abend, wenn ich das Bett für ihn machte, fragte er mich, ob mir die Stelle gefiele. Ich sage, sie gefiele mir sehr gut. Dann wollte ich gerne etwas Freundliches hinzufügen, aber mir fiel nichts ein. So sagte ich Gute Nacht und ging dann in mein Schlafzimmer.

Als ich am Morgen sein Frühstück ins Eßzimmer brachte, bat er mich, mich zu ihm zu setzen und mit ihm zu frühstücken. Ich band meine Schürze ab und fühlte mich glücklich, seinen Tee aufzugießen. Das einzige Problem war, daß ich mit ihm reden mußte. So redete ich über das Wetter. Als er mir Auf Wiedersehen wünschte, sagte er, daß es ihm sehr leid täte, daß er gehen müßte. Es ist nicht sehr schlimm, sagte ich zu mir selbst, eine Woche geht so schnell vorbei.

Ich machte das Frühstück für Mrs. Hawkins fertig und trug es auf einem Tablett in ihr Schlafzimmer. Sie aß ihr Frühstück immer im Bett. Sie sagte: „Nun werde ich wieder eine Woche warten müssen, bis ich meinen Sohn wiedersehen werde. Es ist furchtbar, wenn man jemanden so sehr liebt. All die Tage, an denen ich meinen Sohn nicht sehe, bedeuten mir nichts. Ich muß aufstehen, waschen und anziehen und essen, aber ich hasse es." Sie hatte Tränen in ihren Augen.

Ich erzählte ihr lachend, daß ich mit Mr. Hawkins gefrühstückt hatte.

Am Abend, als die ganze Arbeit getan war, mußte ich einiges Flickzeug ins Wohnzimmer bringen und mich zu Mrs. Hawkins setzen. Ich hätte lieber das

Radio angestellt und ein Buch gelesen. Aber Mrs. Hawkins mochte kein Radio. So mußte ich warten, bis Mrs. Hawkins ins Bett ging. Ich sagte zu mir selbst: „Dem Himmel sein Dank", nachdem sich die Tür hinter ihr geschlossen hatte, „Nun kann ich endlich tun, was ich will. Oh ich fühle mich, als ob ich die Füße auf den Tisch legen könnte. Warum kann die gute alte Dame nicht um acht ins Bett gehen?"

Ich wartete auf die Wochenenden. Es passierte wirklich sehr wenig in meinem Leben. Mr. Hawkins rauchte viele Zigaretten und hatte meistens am Samstag morgen keine mehr. Es machte mir eine große Freude, ihm eine von meinen anzubieten. Er sagte dann: „Warum kochen Sie am Sonntag? Ich mache Ihnen viel Arbeit. Lassen Sie uns doch etwas kaltes essen."

Ich fand das sehr rücksichtsvoll und war für den Rest des Tages froh.

Ich sehnte mich nicht sehr nach den Montagen. Er würde dann weg sein und Mrs. Hawkins war in letzter Zeit ziemlich anstrengend. Wenn Mr. Hawkins in die Küche kam, um mich zu sehen oder auch nur, um zu sehen, wo seine Mutter wäre, würde sie zuhören, worüber ihr Sohn mit mir redete.

Am Anfang gab ich mir große Mühe, die vernachlässigte Wohnung zu reinigen, aber nach einer Zeit war ich sehr entmutigt. Es gab so viele Etageren mit Verzierungen, die Kamineinfassung war überhäuft mit Ornamenten und Photographien von ihrem Sohn als Baby und in seiner Jugend. Nirgends konnte ich ein Bild von ihrem verstorbenen Ehemann sehen. Niemals sprach sie von ihm. Aber die Porträts von ihrem Sohn waren überall. Ich war sehr überrascht, daß Mr. Hawkins allein war und nicht verlobt. Er sah gut aus, hatte eine sehr gute Arbeit, er hätte eine Frau glücklich machen können. Aber seine Mutter muß über sein ganzes Leben gewacht haben wie eine Spinne, die eine Fliege beobachtet. Am Ende konnte er nicht mehr entkommen. Wenn man das Mutterliebe nennt, nenne ich es reinen Egoismus.

Sein Schlafzimmer lag neben meinem. Die Wände waren dünn und ich konnte ihn durch die Wände seufzen hören. Ich konnte ihn hören, wie er sich im Bett umdrehte. Er schien nicht sehr gut zu schlafen. Oft, wenn ich ihn im Flur traf, drückte er freundlich meinen Arm. Dann eines Tages war er verändert und schien mich völlig zu meiden. Warum, fragte ich mich. Er mochte mich, ich weiß es.

Die Folge davon war, daß ich begann, Mrs. Hawkins zu hassen, weil ihr Sohn nicht wagte, jemanden anders zu lieben als seine Mutter. Schlaflos, bekümmert, weil Mr. Hawkins sehr kühl zu mir war, sagte ich zu mir selbst: ‚Ich werde kündigen. Wenn er gerne möchte, daß ich bleibe, dann kann er mich fragen. Wenn er es nicht will, dann werde ich gehen.' In der Zwischenzeit schikanierte mich Mrs. Hawkins so viel sie konnte. Nichts war richtig, was immer ich auch tat. Also sagte ich eines Abends, als ich von meinem freien Nachmittag nach Hause kam, zu Mr. Hawkins: „Ich möchte gehen."

Er fragte mich warum. Ich sagte: „Ich glaube nicht, daß Mrs. Hawkins mich mag." Ich hoffte, er würde mich bitten, zu bleiben. Er bat mich, nicht zu gehen, aber nicht herzlich. Er erzählte mir, daß ich nie wieder so eine gute Stelle bekommen würde. Diese Bemerkung mochte ich nicht. Wie kann er das wissen?

Am Samstag nachmittag ging ich um den Häuserblock, und wen anders sollte ich treffen als Mr. Hawkins, der mir mit einem Blumenstrauß entgegenkam. Vielleicht ist das Leben doch nicht so schlecht. Hier steht Mr. Hawkins mit Blumen für mich, sagte ich zu mir selbst. Aber nachdem er Guten Tag gesagt hatte, sagte er: „Ich habe Blumen für meine Mutter. Meinen Sie, daß sie noch wach ist?"

Ich sagte: „Ich weiß es nicht, es ist mein freier Nachmittag und ich bin seit halb drei draußen."

„Ich schlafe heute Nacht in der Wohnung", sagte er. Also ging ich zurück, machte sein Bett und ging in mein Zimmer, nicht sehr erfreut über das Leben.

Am nächsten Morgen fragte er, ob ich immer noch gehen wolle. Ich sagte: „Ja."

„Es wird nicht leicht sein, jemanden zu finden", sagte er. „Werden Sie so lange bleiben, bis wir jemanden für Sie gefunden haben?" Ich versprach es.

Er verließ die Wohnung. Ich machte Mrs. Hawkins' Tablett fertig und ging damit in ihr Schlafzimmer und sagte: „Guten Morgen". Warum konnte diese Frau nicht lächeln, wenigstens einmal.

Ich begann, das Wohnzimmer sauber zu machen. Das war keine leichte Aufgabe; ein Bild neben dem anderen, der Tisch bedeckt mit Alben.

Er stellte das Radio sehr leise an, so daß Mrs. Hawkins es in ihrem Schlafzimmer nicht hören konnte. Ich habe noch nie in meinem ganzen Leben so geschmacklose Möbel gesehen. Sie sind so hoch, daß ich eine Leiter nehmen mußte, wenn ich Staub wischte. Ihr Schlafzimmer war am schlimmsten von allen. Über ihrem Bett hing ein riesengroßes Bild von ihrem Sohn. Er mußte in seiner Jugend außerordentlich hübsch gewesen sein. Es gab auch ein Bild von ihr, als sie ungefähr 20 war. Ihr Gesicht verriet viel Energie, die sie jetzt noch hatte, und Schönheit, die sie nicht mehr hatte. Ich denke, wenn sie in den Spiegel sieht, dann muß sie sich selbst immer noch für schön halten. Sonst könnte sie nicht Stunden vor dem Spiegel verbringen. Es ist wirklich tragisch. Ihr Gesicht ist jung; um anmutig in ihren Bewegungen zu erscheinen, geht sie auf Zehenspitzen wie eine Puppe.

An diesem Nachmittag bekam ich einen furchtbaren Schrecken. Sie ging gegen drei aus, um spazieren zu gehen. Die Uhr schlug fünf, die normale Zeit für ihre Tasse Tee, aber sie war nicht zurück. Ich hatte Angst. Ich habe mir nie gewünscht, daß ihr etwas zustoßen sollte. Die Uhr schlug sechs, ich ging zu einer Freundin von ihr, die in der Nähe wohnte, vielleicht war sie da. Sie sagten mir, daß sie sie nicht gesehen hätten. Am Ende kam sie dann gegen sieben nachhause. Ich sagte ihr nicht, wie ich den Nachmittag mit Warten auf ihre Heimkehr verbracht hatte. Auf jeden Fall war mein Abend verdorben. Aber auch egal, morgen ist mein freier Nachmittag.

Am nächsten Morgen beeilte ich mich mit meiner Arbeit, meine Lady wünschte mir einen angenehmen Nachmittag, als ich wegging.

Ich erinnerte mich, daß die Agentur, bevor ich diese Stelle antrat, mir einige Adressen gegeben hatte, bei denen ich mich vorstellen konnte. Ich dachte, ich versuche mein Glück. Es war ein sehr heißer Tag, ich ging und ging, bis ich an das Haus einer Lady kam. Mir war heiß und ich war müde; die Lady selbst öffnete die Tür. Ich sagte, ich käme wegen der Stelle. „Ich suche niemanden mehr", sagte sie nicht gerade freundlich und knallte die Tür zu. Ich fühlte mich hinterher so niedergeschlagen, daß ich zu keiner weiteren Adresse, sondern stattdessen ins Kino ging, um meinen Kummer jedenfalls für ein paar Stunden zu vergessen. Manchmal bin ich wegen allem traurig. Meine Jugend ist vorbei, keiner von meinen Träumen ist in Erfüllung gegangen. Als ich 18 Jahre alt war, waren meine Vorstellungen vom Leben so anders als das, was ich jetzt tue.

Mrs. Burns fragte mich: „Wie geht es Ihrer netten alten Lady?"

„Oh, es geht ihr gut, sie ist kräftiger denn je. Ich kann es nicht verstehen, aber sie raubt mir alle Kraft. Ich fühle mich immer müde. Vielleicht ist sie ein Vampir."

„Sie muß es sein. Sie hat ja auch das Leben ihres Sohnes verschluckt", sagte Mrs. Burns. „Ich weiß, mein liebes Mädchen, Sie finden ihren Sohn attraktiv, aber vergessen Sie ihn. Ich habe mehr Erfahrungen mit Männern gehabt als Sie. Er ist ein Mann, der so lange im Gefängnis der Liebe seiner Mutter war, daß er nun Angst hat, dieses Gefängnis zu verlassen. Er hätte mit zwanzig ans andere Ende der Welt gehen sollen, wohin seine Mutter ihm nicht hätte folgen können. Dann wäre er wohl ein ganz anderer Mensch geworden. Ich weiß nicht, warum Sie sich andauernd in Männer verlieben, die nicht frei sind."

„Aber er ist frei."
„Toni, Sie sind der größte Dummkopf, den ich je getroffen habe. Ich kenne Sie jetzt wohl lange genug. Vor Mr. Hawkins mochten Sie einen verheirateten Mann. Er tanzte mit Ihnen einen Abend und Sie verliebten sich in ihn. Er würde nicht einen Schritt weiter gehen, Sie wußten das sehr gut, da er seine Frau sehr gerne mochte. Sie wählen sich immer die Männer, die nicht frei sind."
„Vielleicht haben Sie recht, Mrs. Burns. Ich habe Angst davor, mich gehen zu lassen. Aber nun muß ich zu meiner netten alten Lady zurückkehren."
„Sie wollen nur gehen, weil Sie nicht die Wahrheit hören wollen. Es ist ja noch nicht sieben Uhr."
„Lassen Sie mich gehen. Sie haben seit Ihrer Jugend immer das gemacht, was Sie wollen. Ich habe immer gewartet, daß etwas passiert. Ich warte immer noch. Das ist der Unterschied zwischen Ihnen und mir, es ist sehr schwer, sich nach dreißig zu ändern."
„Aber hören Sie, Toni, das wird Sie nicht voranbringen."
„Vielleicht nicht. Gute Nacht, Mrs. Burns, und vielen Dank für den schönen Tee."
Und dies war der Nachmittag, nach dem ich mich so gesehnt hatte. Nun fühlte ich mich niedergeschlagen und schrecklich schlecht. Wenn ich daran denke, daß ich mir eine neue Arbeit suchen muß, wünsche ich, ich wäre tot.
Am nächsten Morgen erzählte mir Mrs. Hawkins, daß sie bereits ein neues Dienstmädchen gefunden habe. Also ging ich an meinem freien Nachmittag aus und suchte eine Arbeit. Ich hatte aus der Zeitung eine

Adresse und einige von der Agentur. Diese Vorstellungsgespräche, oh wie ich sie hasse. Können Sie dies und können Sie das. Ich ging zur nächsten Adresse. Drei in der Familie und eins in Erwartung.

Die Leute schienen gerade eingezogen zu sein, alles sah sehr unordentlich aus. Die Frau wirkte ein bißchen verwirrt. Sie war ungefähr dreißig, ihr Mann viel älter. Er hatte ein kluges Gesicht. Sie fragte mich nicht viel, noch nicht einmal nach Empfehlungen, aber sie stellte mich ein. So, nun habe ich ein Wochenende frei — das ist das, was ich mir leisten kann — und dann fange ich meine neue Arbeit an.

Es tat mir nicht leid, Mrs. Hawkins zu verlassen. Als ich allein war, kam Mr. Hawkins in die Küche, um mir zu danken. Er wollte etwas mehr sagen. In diesem Augenblick kam Mrs. Hawkins in die Küche. Er hörte auf zu reden. Ich werde nie erfahren, was er sagen wollte. Ich hätte sie umbringen können. Mußte sie mir ein paar freundliche Worte neiden? Ich nahm meinen Koffer und ging.

Zwei Tage frei! Keine Klingel, die klingelt; kein Telefon, an das man gehen muß. Ich kann ins Restaurant gehen und das Essen bestellen, das ich mag. Wie schön. Ich erfreute mich an meiner Freiheit. Zu schnell vergingen die zwei Tage.

XV

Montag morgen. Meine neue Stelle. Ich war sehr aufgeregt. Ich habe schon so oft gewechselt und bin immer noch so aufgeregt bei einer neuen Stelle.

Der Name meiner Arbeitgeberin war Barker. Sie

erzählte mir, sie sei im fünften Monat schwanger. Die ersten Tage vergingen sehr ruhig. Ich tat was ich konnte, um ihr zu helfen. Sie war tatsächlich erst vor kurzer Zeit eingezogen. Es gab noch einen Jungen von ungefähr fünf. Weder sie noch ihr Ehemann nahmen viel Notiz von dem Kind, das einem immer eine Fratze zog, wenn man es anblickte. Am Abend, wenn der Junge — Cyril war sein Name — ins Bett ging, dann küßte er mich und wollte mich nicht gehen lassen. Wie schrecklich einsam war dieses Kind.

Mr. Barker liebte seine junge Frau sehr. Sie mochte ihn nicht, das konnte ich sehen. Ich überlegte, warum sie ihn wohl geheiratet hatte. Eines Tages erzählte sie es mir. Sie war ungefähr 20, als sie Mr. Barker heiratete. Er war 50. „Er war sehr reich und ich arm. Ich mochte ihn damals. Ich lebte nur für ihn bis vor ca. sechs Jahren. Da traf ich jemanden in meinem Alter. Oh, es ist jetzt so anders. Ich möchte gern tanzen und mich amüsieren. Und dann, sehen Sie, seit einigen Jahren hätten Mr. Barker und ich Bruder und Schwester sein können."

„Wie ist es dann geschehen, daß Sie ein Baby erwarten?" fragte ich.

„Es ist nicht seins, sondern das Kind von dem Mann, den ich so sehr mag."

„Weiß Ihr Mann das?"

„Ja, er weiß es."

Ich dachte bei mir, wie anständig verhält sich dieser Mann gegenüber seiner Frau. Am Anfang fühlte ich mich sehr geschmeichelt, aber bald ermüdeten mich ihre Vertraulichkeiten über ihr privates Leben. Schließlich war ich nur ihr Dienstmädchen und nicht ihr Ratgeber. Auch erzählte sie mir Dinge über sich selbst, die mich bestürzten und empörten. Sie konnte nur an sich selbst denken. Sie verfolgte mich durchs ganze Haus und erzählte mir ihre Sorgen, egal, ob ich in der Küche kochte oder ein Zimmer abstaubte.

Der Riegel im Badezimmer ließ sich nicht schließen. Wenn ich mich ausruhte und ein Bad nahm, kam sie herein und begann mir wieder zu erzählen, wie unglücklich sie wäre. „Warum fangen Sie dann nicht an zu arbeiten?" sagte ich zu ihr.

„Ich mag die Arbeit nicht", sagte sie. „Ich mag schöne Kleider. Gucken Sie sich dieses Nachthemd an", und sie öffnete ihren Morgenrock. „Ich habe es mir gerade gestern gekauft. Ich kann nicht viel verdienen, auch wenn ich arbeite. Vor meiner Heirat war ich Stenotypistin. Wie viele hiervon könnte ich mir von meinem Gehalt kaufen?"

Eine Prostituierte würde sich anständiger benehmen als diese Frau. Alles was ihr Mann wollte, war ein bißchen Freundlichkeit.

Manchmal zog ich mich am Nachmittag in mein Zimmer zurück, um ein Paar Strümpfe zu stopfen oder mich auszuruhen. Kein Frieden, sie kam und begann entweder über ihren Liebhaber, der nach Schottland gegangen war, zu reden oder wie sehr sie ihren Ehemann verabscheute. Hinterher konnte sie sich hinlegen und ausruhen. Aber ich mußte mit meiner Arbeit weitermachen; es war bereits drei Uhr am Nachmittag, der Junge sollte spazierengehen und es mußte eingekauft werden, und dann das Teetrinken. Wir tranken alle zusammen Tee.

Das Essen war gut und reichlich. Entweder kochte

sie oder ich. Das Abendessen aß sie allein mit ihrem Mann. Nach dem Essen kam sie immer in die Küche, um mit mir zu reden. Ich mußte den Jungen ins Bett bringen, ihn waschen und ihm die Zähne bürsten. Das Kind war einsam, der Vater kümmerte sich nur um seine Frau, die Frau nur um sich selbst. Er war so ein kleiner, netter Junge. Er lief mir immer hinterher. Ich wollte dem Jungen ein paar glückliche Augenblicke geben. Wenn es neun Uhr abends war, zog ich mich in mein Zimmer zurück — müde und erschöpft — und sagte zu mir selbst: „Nur die Nacht gehört mir; das ist alles, was ich habe." Von neun Uhr abends bis sechs Uhr morgens — es ist schade, daß man schlafen muß; ich muß mir jeder Minute, die ich frei habe, bewußt sein.

Für ein paar Stunden in der Woche kam eine nette junge Frau, die mir bei der Arbeit half. Sie hatte wunderschönes rotes Haar und ihr Name war Ethel. Sie war verheiratet und sehr glücklich. Einmal fragte sie mich: „Würden Sie nicht auch gerne am Abend nach Hause gehen und sich alleine vom Tag ausruhen?"

Ich sagte: Wie gerne hätte ich ein Zuhause für mich allein, ich kann es Ihnen gar nicht sagen. Was nutzt es, Unsinn zu reden oder zu sagen, was ich gerne möchte? Mögen Sie Arbeit in einem Haushalt?

„Ich mache es gerne", sagte Ethel, „bohnern am liebsten."

„Ich wünschte, ich könnte etwas anderes finden, oder wirklich nette Menschen, für die ich arbeite."

„Seien Sie nicht so niedergeschlagen, Toni, Sie könnten heiraten."

„Ich habe noch keinen getroffen; und wenn ich es tue, dann weiß ich nicht, worüber ich mit ihm reden soll."

„Lassen Sie ihn doch mit Ihnen reden."

In diesem Augenblick betrat Mrs. Barker die Küche. Sie muß Ethels Bemerkung gehört haben. „Es ist besser für Toni, keinen jungen Mann zu haben, ich kann mir sie nicht verheiratet vorstellen. Und geht es ihr nicht besser, so wie es ist? Sie ist frei. Wenn man verheiratet ist, ist man nur angebunden."

Monat für Monat ging vorbei. Mrs. Barker war fast über den 8. Monat. Eines Morgens sagte sie: „Ich kann es nicht länger aushalten. Hilf mir doch, von hier wegzugehen. Ich möchte meinen Ehemann verlassen. Hilf mir."

Ich sagte zu ihr: „Wenn ich verheiratet wäre und könnte meinen Ehemann nicht länger aushalten, ich würde niemand anders um Hilfe bitten. Dies ist ausschließlich Ihre Angelegenheit und nicht meine."

Ich wünschte, sie würde gehen und käme nie wieder. Ich würde mit meiner Arbeit viel besser zurecht kommen.

Eines Sonnabends morgen sagte sie zu mir, ich sollte die Arbeit liegenlassen und einkaufen gehen, da ich am Nachmittag im Haus sein sollte. Ich sollte Cyril mitnehmen. Ich tat, was mir gesagt wurde, obwohl es merkwürdig war. Ich hatte ein komisches Gefühl, als ich ging. Ich hatte recht, als ich zurückkam und die Tür öffnete, schien das Haus leer zu sein. Ich klopfte an alle Türen, keine Antwort. Sie war tatsächlich weg. Ich hoffe, ihr Freund in Schottland behält sie nun auch.

Ich sah zu meiner Überraschung, daß der Tisch für den Lunch schon gedeckt war. Und nicht nur das — es stand auch eine Vase mit frisch gepflückten Blumen in der Mitte der sauberen Tischdecke. Was für eine ordentliche Frau sie war — alles ordentlich und sauber für das Essen ihres Ehemanns.

Ich ging in ihr Schlafzimmer, um zu sehen, ob sie ihre Sachen gepackt hatte. Am Kopfkissenbezug war ein Abschiedsbrief festgesteckt. Wie dramatisch. Ich fürchtete sein Nachhausekommen. Er liebte sie so sehr — er lebte nur für sie. Liebe ist eine schreckliche Krankheit, wenn von zwei Menschen nur einer liebt. Zuletzt hat sie ihn wie ein Stück Dreck behandelt. Wenn er geduldig wäre, könnte er — da bin ich sicher — darüber hinwegkommen und sich an seiner Freiheit erfreuen. Ich ging hinunter und kochte das Mittagessen. Ich war mir sicher, er würde nichts essen. Cyril saß ruhig in einer Ecke der Küche. Er schien nicht bemerkt zu haben, daß seine Mutter weg war.

Mr. Barker kam nach Hause. Ich brachte das Essen hinein. Er sah wie ein Geist aus. Am Montag morgen sagte er mir, ich solle ihn jeden Tag im Büro anrufen. Ich versprach es. Das konnte ich verstehen, er wollte Anteilnahme.

Ich fühlte mich glücklich bei meiner Arbeit, sie war nicht da, um mich zu quälen. Eine Woche ging vorbei und ich sagte zu mir selbst, sie würde nicht zurückkommen. Eines Morgens rief ich ihn im Büro an und er sagte mir, er hatte Nachricht, daß sie zurückkäme. Ich sagte ohne zu denken: „Wie schrecklich." Im nächsten Augenblick fügte ich hinzu: „Ich bin schrecklich froh."

Am Abend erzählte er mir, wie glücklich er sei. „Frauen, die Babies erwarten, tun manchmal merkwürdige Dinge." Sie wird in Zukunft noch mehr merkwürdige Dinge machen, auch ohne ein Baby zu erwarten — das war meine Ansicht, aber ich behielt sie für mich.

Sie kam nach Hause. Am Anfang redete sie nicht sehr viel mit mir. Was mich sehr überraschte, war daß sie noch immer nichts für das kommende Baby gekauft hatte. Die Zeit für ihre Entbindung rückte sehr nahe. Am Sonntagnachmittag ging es ihr sehr schlecht — er brachte sie ins Krankenhaus. Am selben Tag verbrannte ich meinen Finger sehr schlimm. Ich hatte große Schmerzen. Am Montag sah mein Finger sehr schlecht aus. Ich ging zum Arzt. Ich hatte eine Blutvergiftung. Er verband meinen Finger und sagte, ich wäre erschöpft. Ich tat meine Arbeit, so gut ich konnte. Am Montag abend erzählte mir Mr. Barker, daß seine Frau einen weiteren Jungen bekommen hätte. Ich sagte zu mir selber: „Ich will hier bleiben, bis der Junge einen Monat alt ist."

Ich hatte den Kontakt zu Mrs. Burns verloren, da ich in der letzten Zeit keinen freien Nachmittag mehr hatte. Da Mrs. Barker im Krankenhaus war, konnte ich Cyril nicht allein lassen. Sie blieb dort 14 Tage lang, alles ging gut. Als sie nach Hause kam, war sie immer noch schwach, aber sie liebte das neue Baby.

Eines Tages sagte ich ihr, daß ich warten würde, bis sie jemand anderen hätte und daß ich dann gehen würde. Sie war nicht erfreut, aber sie sah bald ein, daß sie mich nicht zum Bleiben bewegen konnte. Der Hauptgrund für mein Gehen war, daß sie mich mit all ihrem Gerede über ihr privates Leben ermüdete und manchmal richtiggehend krank machte. Ich erinnere mich an einen Morgen, als ich das Staubtuch am Fenster ausschüttelte, da sah ich, wie zwei Hunde es auf dem Fußweg zusammen trieben. Sie sagte, daß sie die zwei Hunde sehr beneidete. Ich dachte bei mir selbst: „Wie kann jemand nur an nichts anderes denken als an Sex. Wenn sie doch nur alles für sich behalten würde — aber nein, wann immer ich einen freien Augenblick hatte, mußte sie mir alles davon erzählen. Sie muß nur — wie wir alle — für ihre Fehler bezahlen. Wenn sie jemanden in ihrem Alter geheiratet hätte, mit ihren eigenen Interessen, wäre sie viel glücklicher."

Manchmal, ich konnte mir nicht helfen, da tat sie mir leid, aber warum behandelte sie ihren Mann nicht besser? Einmal, als ich das Eßzimmer betrat, um abzudecken, stand er sehr nahe bei ihr und bat, sie solle nett zu ihm sein. Sie schaute ihn triumphierend an und sagte: „Du ermüdest mich." Ich begann, das Abendbrotgeschirr abzuwaschen. Sie kam in die Küche und fragte mich, ob ich ihr helfen könnte, ihr Bett in das Gästezimmer zu schieben. Ich sagte ihr, ich könnte keine schweren Dinge heben. Das stimmte natürlich nicht; aber ich wollte ihr nicht helfen, noch grausamer zu ihm zu sein, als sie ohnehin schon war. Stattdessen fragte ich sie, ob sie schon ein anderes Dienstmädchen in Aussicht habe. „Ja", sagte sie nicht sehr erfreut. „Morgen kommt ein Mädchen vorbei, um sich vorzustellen."

Sie stellte das Mädchen ein und ich war frei. Sie sagte: „Ich habe außer Ihnen keinen zum Reden.

Kommen Sie und besuchen Sie mich ab und an." Ich versprach es. Ich mietete für eine Woche ein Zimmer. Ich sagte zu mir selbst: „In den ersten Tagen werde ich nicht nach einer neuen Stelle suchen. Nur einfach an der frischen Luft sitzen und ein Buch lesen. Wenn ich hungrig bin, werde ich essen, wenn ich müde bin, werde ich schlafen. — Ich blickte in die Bäume, den Himmel; ich ging nicht einmal ins Kino. Ich wollte mir meiner Freiheit bewußt sein — jeder Minute davon. Ich schlief nicht gut — die Freude darüber, frei zu sein, ließ mich nicht schlafen. Ich zog mich an und ging aus, trank eine Tasse Kaffee bei Lyons, da ist er gut und billig. Dann sah ich Schaufenster an. Was für schöne Dinge konnte man kaufen, wenn man Geld hat. Und doch beneidete ich keine Lady, die in einen Laden gehen, wählen und zahlen konnte. Ich war für fünf weitere Tage frei. Keiner kann sich mehr über Freiheit freuen als derjenige Mensch, der wenig davon hat. Der Himmel ist so blau und die Welt ist wunderbar. Wenn ich allerdings im Haus eingeschlossen bin, kann ich den Himmel nicht sehen. Mein Himmel ist dann eine Decke, an der ich nach Spinnweben suchen muß. Es gibt immer Arbeit und mehr Arbeit und auch noch Genörgel.

XVI

Ein paar Tage später erhielt ich einen Brief von einer Dame, die mich aufforderte, mich bei ihr vorzustellen, wann immer es mir paßte. Sie schrieb sehr freundlich, aber das tun sie alle, ich war von solchen Briefen nicht mehr beeindruckt. Ich antworte sofort und sagte, daß ich am nächsten Tag kommen würde.

Die Dame wohnte in einem Mietswohnblock. Ein Mädchen öffnete mir die Tür und bat mich hinein. Mrs. Green (so hieß die Dame) wartete auf mich. Sie war eine Frau von ungefähr 50 Jahren — sehr dick. Ich sagte zu mir selbst: Vielleicht ist eine dicke Frau nicht so streitsüchtig wie eine dünne. Sie fragte mich nach meinen Referenzen. Ich hatte sie mitgenommen.

„Sie sind in keiner Ihrer Stellungen sehr lange gewesen", sagte sie zu mir, nachdem sie meine Referenzen gelesen hatte. Ich konnte ihr nicht sagen, daß sie auch nicht länger geblieben wäre — so sagte ich nichts. Dann verlangte sie, daß ich bei meiner Arbeit sauber sei, ein guter Koch, Frühaufsteher und so weiter. Ich sagte: „Ja", denn was sollte ich anderes sagen. Irgendwie interessierte sie mich nicht sehr, aber der Lohn war in Ordnung, es gab nur sie, um die ich mich kümmern mußte und ich mußte endlich anfangen, Geld zur Seite zu legen. Dann fragte sie, ob ich am nächsten Montag anfangen könnte. Ihr jetziges Mädchen wird bald heiraten. Ich sagte, ich könnte. So war ich wieder einmal eingestellt. Sie lächelte. Aber irgendwie war ihr Lächeln künstlich. Sie führte mich zur Tür und ich ging.

Ich überlegte, wie die Arbeit wohl würde. Trotz meiner Erfahrungen bin ich immer noch neugierig. Was für ein verdammter Narr ich war. Ich hatte vergessen, Mrs. Green nach meinen Ausgehzeiten zu fragen. Na ja, sie werden so sein wie bei den anderen auch.

Als ich an meiner neuer Stelle ankam, öffnete mir

die Lady selbst die Tür. Alles sah sehr sauber und aufgeräumt auf. Mrs. Green sagte zu mir: „Ich war am Wochenende weg und so sieht die Wohnung nicht so aus, wie sie eigentlich sollte." An diesem Satz erkannte ich sie: sie war eine der Menschen, denen man ihre Wohnung jede Woche auf den Kopf stellen muß.

Sie führte mich in der Wohnung herum. Es gab ein Eßzimmer, ihr Schlafzimmer, ein Wohnzimmer, mein eigenes Zimmer, ein Badezimmer und eine Küche. Das wird nicht schwierig werden, sagte ich zu mir selbst — nur eine Lady. Ich räumte meine Sachen weg, holte den Kittel hervor und zeigte mich Mrs. Green. Sie maniküre ihre Nägel. Vielleicht habe ich auch eines Tages Zeit, meine Nägel zu lackieren und sie auch lackiert zu lassen. Meine Hände sehen manchmal schrecklich aus.

„Heute abend gibt es nur etwas Toast und Tee — das ist alles." Wir aßen Sardinen auf Toast. Ich konnte kaum essen. Ich fühlte mich an diesem Ort so fremd. Als ich mit dem Abwasch fertig war, zeigte sie mir, wie sie ihr Bettuch entfaltet haben wollte. „Es darf keine Falten haben — und die Wärmflasche genau hierhin. Legen Sie immer meinen Morgenmantel heraus, ich möchte ihn hier auf der Rückenlehne des Stuhles haben. Und das Nachtgeschirr dorthin."

Wie ich sagte, war sie eine Dame um die fünfzig. Wofür brauchte sie einen Nachttopf, fragte ich mich. Konnte sie nicht zur Toilette gehen? „Und meine Hausschuhe neben das Nachtgeschirr. Meine Schuhe habe ich gerne mit Schuhspannern. Und die blauen Schuhe cremen Sie mit blauer Schuhcreme ein, die schwarzen mit schwarzer Creme." Mrs. Green hatte so eine dominante Art und sie sagte diese Dinge so ernst, daß ich dachte: Ich wüßte gerne, was mit mir passiert, wenn ich die Hausschuhe nicht neben das Nachtgeschirr stelle.

Ja, ich glaube, ich bin für das Dienstmädchendasein schlecht geeignet. Ich sollte mit einem süßen Lächeln sagen: „Ja, Madam." Stattdessen dachte ich: Was für ein Unsinn.

„Jetzt können Sie ins Bett gehen", sagte Mrs. Green. „Morgen früh werde ich Ihnen das Frühstück erklären."

Ich war sehr froh, als ich in meinem Zimmer war.

Am Morgen zeigte mir Mrs. Green, wie sie das Tablett für ihr Frühstück gedeckt haben wollte. Sie aß im Bett. Nach dem Frühstück sagte sie mir, daß ich ihre Sachen, die sie anziehen wollte, herausholen sollte. Sie liebte es, ihre Unterwäsche auf ihrem Bett zu verstreuen. Als erstes ihr Korsett, dann ihre Seidenstrümpfe und neben ihren Strümpfen die Unterhose. Ihr Badewasser wollte sie lauwarm. Ich öffnete Augen und Ohren. Bei meinen anderen Stellen wollte keine Lady irgendwelche persönliche Dienste. Das kommt daher, daß es hier nur eine Lady gibt und meine Zeit voll ausgenutzt werden muß. Schließlich beendete sie ihre Toilette und ich war allein. Gott sei Dank! Ich räumte das Zimmer auf und putzte den Rest der Wohnung.

Als Mrs. Green zur Mittagszeit nach Hause kam, sah meiner Meinung nach alles sehr sauber und schön aus. Sie guckte wie ein Inspektor herum. „Da", sagte sie, „Sie haben die Vasen an den falschen Platz gestellt und das Kissen sollte nicht da, sondern dort liegen."

„Es ist am ersten Tag sehr schwer, sich daran zu erinnern", sagte ich, „wo jedes Teil sein sollte. Aber nun weiß ich es."

„Ich hoffe, Sie wissen es", bemerkte Mrs. Green. Sie sprach mit solchem Ernst, daß sie wohl, so sagte ich zu mir selbst, keinen Sinn für Humor hat. „Ich habe einen sehr wichtigen Beruf", fuhr sie fort, „ich bin Einkäufer für eine große Londoner Firma, daher möchte ich, daß Sie sich an alles erinnern. Ich will mich nicht um den Haushalt kümmern müssen. Und vergessen Sie nicht, legen Sie alle Briefe auf das Silbertablett."

Ich hoffe, sagte ich zu mir selbst, daß sie nun fertig ist, sonst verdirbt noch das Essen im Ofen. Ja, für einige Stunden war sie fertig.

Ich fühlte mich so schrecklich einsam in dieser Wohnung, wo alles seinen besonderen Platz hatte: der Nachttopf neben den Hausschuhen.

Mrs. Green verbreitete einen solchen Geruch von Wichtigkeit, daß ich fühlte, daß es sehr schwer für mich würde, zu kündigen, wenn es so weit wäre. Nach dem Mittagessen machte sie eine Ruhepause und ich ging etwas spazieren. Nur eine halbe Stunde. Als ich die Treppe hinunter ging, traf ich ein anderes Dienstmädchen Sie lächelte mich an und ich sagte: „Guten Tag."

Sie sagte zu mir: „Sind sie Mrs. Greens neues Mädchen?" Ich sagte. „Ja."

„Wissen Sie", flüsterte sie, „im letzten Jahr hatte Mrs. Green jeden Monat ein neues Mädchen. Oh, sie ist schrecklich schwer zufriedenzustellen, finden Sie nicht auch?"

Ich sagte, ich hätte bemerkt, daß sie sehr eigensinnig sei und daß sie niemals lächelte.

Das Mädchen sagte mir, daß ich, wenn ich mich am Abend einsam fühlen würde, herunterkommen und sie besuchen sollte. Heute seien ihre Leute nicht zu Hause. Ich sagte: „Wenn mir Mrs. Green die Erlaubnis gibt, werde ich kommen."

„Sagen Sie ihr einfach, sie müßten einen Brief zum Briefkasten bringen. Mein Name ist Rose."

„Und meiner ist Toni."

Nun habe ich etwas, worauf ich mich freuen kann, auch wenn es nur eine Viertelstunde ist. Rose scheint ein sehr nettes Mädchen zu sein. Die Wohnung von Mrs. Green ist gruselig.

Mrs. Green ging am Nachmittag nicht zur Arbeit. Ich bereitete ihr Tee, dann trank ich meinen eigenen. Danach putzte ich Silber. Es war sehr viel Silber da, und als ich mit dem Putzen fertig war, begann ich, das Abendessen zuzubereiten. Sie erwartete Gäste zum Essen. Ich hoffte, daß ich Zeit finden würde, Rose zu sehen. Ich mußte ein neues Bettlaken in Mrs. Greens Bett tun und deckte den Tisch mit großer Sorgfalt.

Nach dem Abendessen tranken sie Kaffee. Als ich mit dem Abwaschen fertig war, war es so spät, und weil sie Gäste hatte, konnte ich sie nicht einmal fragen, ob ich gehen dürfte. So zog ich mich in mein Zimmer zurück. Ich überlegte, ob ich warten mußte, bis ihre Gäste gegangen wären, um ihr Bettuch abzunehmen. Ich stellte den Topf neben die Hausschuhe.

Ich werde ins Bett gehen. Ich habe nichts zu lesen, nicht einmal eine Zeitung.

Am Morgen klagte sie, ich würde sie mit meinen schweren Schuhen wecken, ich sollte Hausschuhe tragen. Ich sagte, ich würde mir an meinem nächsten freien Nachmittag ein Paar kaufen.

Morgen ist mein freier Nachmittag, dem Himmel sei Dank! Ich muß Mrs. Burns besuchen. Ich hatte hier weniger freie Zeit als bei irgend einer anderen Stelle, da ich auch ihre Flickarbeit machen mußte. Das nahm wirklich viel Zeit in Anspruch. Sie muß wirklich viel verdienen. Eine meiner Aufgaben war es, ihre Schubladen zu reinigen. Eine war voll mit Schokolade- und Marzipanschachteln. Sie sagte mir, daß ich die Schachteln abstauben und sie auch innen reinigen sollte. Sie bot mir nichts an. Ich mag Süßigkeiten sehr gerne, aber ich werde nie etwas nehmen; ich fühlte, daß ein böser Zauber auf ihnen lag. Sie aß keine Süßigkeiten. Sie muß sie von ihren Bekannten bekommen haben, mag sie sie behalten. Gott weiß wie viele Dienstmädchen vor mir die Süßigkeiten abstauben und reinigen mußten, vielleicht nahmen sie eine aus der Box und legten sie wieder zurück.

Als ich einkaufen ging, traf ich Rose. Ich erzählte ihr, daß ich gestern abend nicht kommen konnte, da Mrs. Green Gäste hatte und es zu spät war, als ich fertig war. Rose fragte mich, ob ich bei Mrs. Green bleiben würde.

Ich sagte: „Nein, ich kündige nächsten Montag. Aber ich bin ängstlich — irgendwie fühle ich, daß sie mich nicht so einfach gehen läßt."

„Ich wette, sie wird es nicht", sagte Rose. „Warum nehmen Sie nicht einfach Ihre Sachen und gehen ohne zu kündigen. Einfach nur eines Abends die Tür leise hinter sich zumachen."

„Ich mache so etwas nicht gerne."

„Sie wird Sie dazu bringen, daß Sie ihren Monat bleiben, ich weiß das von ihren vorherigen Dienstmädchen."

„Das wäre schrecklich", sagte ich und erkundigte mich: „Und wie gefällt Ihnen Ihre Arbeit?"

„Nicht schlecht. Wissen Sie, meine Leute gehen am Abend ziemlich viel aus, und ich werde in sechs Wochen heiraten."

Als ich über die Straße ging, wäre ich beinahe von einem Bus überfahren worden. „Kannst du nicht gucken, du Kuh?" rief der Busfahrer mir nach. Als ich zurückkam, war Mrs. Green noch zu Hause. „Stellen Sie ihren Korb in die Küche und kommen Sie ins Wohnzimmer", sagte sie mit einem Gesicht wie Blitz und Donner. Ich überlegte, was ich jetzt falsch gemacht hätte. „Sie haben die Nippes wieder an den falschen Platz gestellt. Sie machen das mit Absicht, nicht wahr?"

Ich sagte: „Ich habe es nicht mit Absicht gemacht und ich wollte Sie nicht wütend machen. Ich konnte mich einfach nicht daran erinnern, wo die Nippes standen. Aber ich bin sicher, daß ich für Sie, Madam, nicht die richtige Person bin. Ich würde gerne in einer Woche gehen."

„Sie können nicht in einer Woche gehen, sie müssen einen Monat vorher kündigen oder auf jeden Fall bleiben, bis ich ein neues Mädchen finde. Und warum möchten Sie gehen?"

„Ich bin nicht die richtige Person für Sie, Madam. Sie möchten ganz jemand anderen."

„Sie müssen nur nach einer Lady sehen", sagte sie.

„Ich würde lieber für einen Acht-Personen-Haushalt arbeiten", sagte ich. „Sie möchten jemanden haben, die ein Dienstmädchen für eine Lady ist, ich bin nur ein Koch-für-Alles."

Mit diesen Worten ging ich aus dem Raum. Ich mußte ihr Essen vorbereiten und mich dann umziehen — heute ist mein freier Nachmittag. Warum konnte sie diese Szene nicht morgen machen? Ich bin nur ein Dienstmädchen, ich zähle nicht, oder?

Oh, ich werde Gott danken, wenn der Tag kommt, an dem ich diese Stelle verlassen kann.

Als ich den Abwasch beendet hatte, bat mich Mrs. Green, ihr Tablett zu decken. Es dauerte nur ein paar Augenblicke. Ich bin nicht faul, aber es ist mein freier Nachmittag und ich will ausgehen. Diese Frau hat kein Herz. Oder mißgönnt sie mir meinen freien Nachmittag? Vielleicht.

Zuletzt schloß ich die Tür hinter mir. Ich wünschte, es wäre für immer.

Zuerst ging ich zu Lyons und trank eine Tasse Tee. Es schien mir eine Ewigkeit her zu sein, daß ich bei Lyons war, aber tatsächlich war es vor ein paar Tagen, daß ich mit Mrs. Burns dort war. Aber so viele Dinge waren seitdem geschehen. Was für eine seltsame Frau Mrs. Green ist. Wie viele Mädchen vor mir wohl schon da waren. Wie viele werden noch nach mir kommen? Aber sie wird sich nicht ändern. Ich überlege, was Mrs. Green so hart macht. Sie hat eine gute Stellung erreicht, aber irgendwie scheint ihr

Leben so leer zu sein. Sonst würde sie sich nicht so aufregen, ob ein Nippes am richtigen oder falschen Platz steht. Manchmal, wenn sie mit mir redete, dann habe ich beobachtet, daß ihre Hände so angespannt waren und sie sie so eng an ihren Körper hielt, als ob sie Angst hätte, auf mich los zu gehen.

Als ich Mrs. Burns besuchte, war ihre erste Frage, wie ich meine neue Stelle fände. Ich erzählte es ihr.

„Warum packen Sie nicht Ihre Sachen und gehen?"

„Ich würde es tun, aber Mrs. Green ist eine gefährliche Frau."

„Was kann sie Ihnen tun?" sagte Mrs. Burns.

„Ich habe vor ihr Angst. Ich habe noch keinen getroffen, der verrückt wird, aber, glauben Sie mir, sie ist manchmal sehr nahe dran. Sie scheint mit der Absicht nach Hause zu kommen, einen Streit anzufangen und sie schaut herum, um einen Grund zu finden, mit mir zu schimpfen. Deshalb bin ich gegen das Schlafen bei der Arbeitsstelle. Meinen Sie es ist für irgendjemand eine Freude, bei Mrs. Green zu wohnen?"

„Aber wer würde das Frühstück machen, wenn das Mädchen nicht dort wohnen würde?"

„Sie müßten für sich kochen, oder das Mädchen könnte eher beginnen und eher aufhören. Natürlich es gibt auch Ladies, die sagen: ‚Aber ich arbeite vom Morgen bis in die Nacht — was ist mit mir?' Ich sage, Angestellte sollten den Abend für sich haben. Meine Abende bei Mrs. Green beginnen um halb zehn. Wenn ich mit dem Abwaschen fertig bin, ruft sie mich in ihr Schlafzimmer, um mir zu zeigen, welche Schubladen ich am nächsten Tag sauber machen soll, und wie sie ihre Strümpfe aufgerollt haben möchte. Wenn sie meine Überstunden bezahlen müßte, dann würde sie mich nach dem Abendessen nicht mehr rufen."

XVII

Am nächsten Tag versuchte Mrs. Green, nett zu mir zu sein. Am Nachmittag, als ich das Teegeschirr abräumte, rief sie mich zurück und frage mich, ob ich nicht meine Meinung ändern und bei ihr bleiben wollte. „Sie werden keine so gut bezahlte Stelle wieder finden", sagte sie.

„Das ist durchaus möglich", antwortete ich. (Ich hielt das Tablett mit der schweren silbernen Teekanne, aber sie bat mich nicht, es abzustellen.) Am Ende sah sie ein, daß sie mich nicht überreden konnte.

Am nächsten Tag hatte sich ihre Laune geändert wie das Wetter. Die Suppe, die ich ihr servierte, war nicht heiß genug. Sie kam wie eine Furie in die Küche und schrie, daß ich das mit Absicht gemacht hätte. „Sie wollen mich unter Ihrer Knute haben; das ist es, was Sie wollen — unter Ihrer Knute", sie wiederholte es einige Male. Ihre Hände waren verkrampft.

Ich sah sie ziemlich unbeeindruckt an und sagte: „Ich habe keine solche Absicht."

Sie fing wieder an: „Sie wollen mich unter Ihrer Knute haben." Ich sagte zu mir selbst: ‚Was sie wirklich will, ist, daß ich mich aufrege. Also bleibe ruhig.' Ich fühlte mich unglücklich, wie ein Hund, der verprügelt wird und der denkt, das Prügeln werde nie enden.

Zuletzt verließ sie die Küche und ging aus und ich konnte den Abwasch beenden. Ich wünschte, ich könnte Rose für einen Augenblick sehen, um einmal mit jemandem zu reden. In diesem Augenblick hörte ich ein schwaches Klopfen an der Vordertür. Es war Rose.

Sie sagte: „Ich sah Ihr Monster ausgehen. Ich konnte ihr Schimpfen hören. Worum ging der Streit?"

„Ich weiß es wirklich nicht, aber wir gehen besser in mein Zimmer, falls sie zurückkommt, und ich werde Ihnen alles erzählen."

In diesem Augenblick klingelte das Telefon. Es war Mrs. Green, die sagte, daß sie nicht zum Abendbrot käme. Ich sollte ihr ein paar Sandwiches zubereiten.

Ich dankte Gott dafür, daß ich sie heute nicht mehr sehen würde. Ich putzte das Silber und sang mir vor: „Sie kommt heute nicht zum Abendbrot." Ich wusch meine Wäsche, die ganze Zeit überlegte ich, ob es mir erlaubt war, das zu tun. Es war mir egal. Ich stopfte auch meine Wäsche. Ich arbeitete bis neun, dann badete ich und ging ins Bett.

Am Morgen, als ich Mrs. Greens Frühstück in ihr Schlafzimmer brachte, warf ich den heißen Wassertopf um und verbrannte meine Hand. Nur dies hielt Mrs. Green davon ab, gegen mich zu wüten.

Am Sonntag war mein freier Nachmittag. Als ich die Vordertür hinter mir zumachte, holte ich tief Luft. Ich bin frei, frei für einige Stunden. Es war halb vier und wenn ich Glück habe, würde ich Mrs. Green bis morgen früh nicht sehen.

Ich ging zur nächsten Bushaltestelle. Es war ein schöner Tag. Als ich so dahin ging, rief mich jemand.

Es war Annie. Ich erkannte sie kaum, sie sah so blaß aus. Ich fragte sie, wie es ihr ginge.

„Ich bin Hausmädchen bei einem Herren", sagte sie recht stolz. „Sieh mal, diesen schönen Ring gab er mir gerade neulich."

Es war eine billige Sorte Ring, aber ich sagte, er wäre sehr hübsch.

Ich erinnerte mich, wie schön sie war, als ich sie das erste Mal traf, und nun sah sie dünn und blaß aus. Auch ihr Haar schien eine andere Farbe zu haben. Sie sagte nichts von ihrem Baby und ich fragte nicht. Armes Ding, erst diese unglückliche Liebesaffäre und nun ist sie Haushälterin bei einem Herren, der sie früher oder später ausnutzen wird, wenn er es nicht schon getan hat.

Sie sagte Auf Wiedersehen und ich nahm den Bus zu Mrs. Burns' Haus.

Ich erzählte Mrs. Burns, daß ich Annie gesehen hätte. „Einst sehnte ich mich danach, jemanden zu lieben oder von jemandem geliebt zu werden. Was ist Liebe wirklich?"

„Ich werde es Ihnen sagen, Toni. Es ist wie ein aus wunderbarem Stoff gemachtes schönes Kleid. Sie können es bestenfalls ein- oder zweimal anziehen. Aber um Himmels willen ziehen Sie es nicht zur Hausarbeit an oder es wird ruiniert werden. Heiraten Sie nicht den Mann, den Sie lieben."

„Wie traurig. Leben ist im besten Fall eine Tragödie, hat einmal jemand gesagt, aber wie würden Sie es beschreiben, wenn es nur so gewöhnlich ist", fragte ich Mrs. Burns.

„Ich werde es Ihnen sagen. Es ist wie eine mit

Photographien ausgeschmückte Kamineinfassung. Man sieht sie jeden Tag, man staubt sie ab und stellt sie zurück und nach einiger Zeit bemerkt man sie überhaupt nicht mehr."

Ich fühlte mich zum Heulen. Und ich mußte zu meiner scheußlichen Arbeit zurück.

Als ich zurückkam, war alles dunkel. Entweder schlief Mrs. Green oder sie war noch nicht zuhause.

Montag war Waschtag. Eine Arbeit folgte der anderen. Ich war hundemüde, als ich an diesem Abend um neun mein Zimmer betrat. Ich war sogar zu müde, um zu lesen. Den ganzen Tag habe ich mich nach dem Abend gesehnt, um ein gutes Buch zu lesen. Na egal.

Als ich am nächsten Morgen aufwachte, wünschte ich, ich könnte noch weiter schlafen. Ich hatte so einen schönen Traum. Ich saß in einem wunderschönen wilden Garten. Es gab dort auch einen kleinen Bach. Der Garten war voll mit Blumen und ich ruhte mich dort aus.

Aber ich mußte aufstehen. Ich hoffte, Mrs. Green war an diesem Tag guter Laune, ich war es auf jeden Fall.

Am Donnerstag war mein freier Nachmittag. Für mich hat eine Woche zwei Teile; der erste von Montag bis Donnerstag, der zweite von Donnerstag bis Sonntag. Der zweite Teil ist kürzer. Von Sonntag bis Donnerstag ist so eine lange Zeit. Das Gefängnis hat sich wieder einmal hinter mir geschlossen.

Aber es ist nicht mein freier Nachmittag, es ist erst Dienstag: heute muß ich ihr Schlafzimmer saubermachen. Was für eine leichte Arbeit wäre es gewesen, wenn Mrs. Green ein normaler Mensch wäre. Ich guckte auf die Bücher auf ihrem Nachttisch. Sentimentaler Schund. Merkwürdig, daß eine Frau wie Mrs. Green gerade solche sentimentalen Bücher liest. Vielleicht wäre sie, wenn sie geheiratet hätte, nicht so unbarmherzig. Aber man kann es nicht wissen. Sie ist sehr ehrgeizig. Welche Art Mann würde sie glücklich machen? Man kann einem anderen nicht so leicht Glück geben wie eine Schachtel Schokolade. Vielleicht kann eine Frau, die so viel vom Leben will, niemals glücklich werden.

Als Mrs. Green an dem Abend nach Hause kam, sagte sie mir, daß sie ein neues Mädchen eingestellt habe und daß ich in 14 Tagen gehen könnte, wenn ich wollte. Ich wagte nicht, meine Freude zu zeigen, aus Furcht, sie könnte sagen, ich müßte bis zu meiner eigentlichen Kündigungsfrist arbeiten.

Als ich zu Mrs. Burns kam, erzählte ich ihr die gute Nachricht.

„Gott sei Dank", sagte sie, „Ich habe ein neues Bettuch für Sie und den Stuhl mit neuem Stoff bezogen."

„Sie sind ein Engel", rief ich. „Wie kann ich Ihnen je genug danken. Das Zimmer sieht jetzt so schön aus. Ich weiß nicht, Mrs. Burns, was mit mir geschehen wäre, wenn ich Sie niemals getroffen hätte."

„Vielleicht hätten Sie geheiratet. Sie sehnen sich so nach einem Heim, das Ihnen allein gehört. Die wenige Zeit, die Sie für sich haben, verbringen Sie mit mir, einer alten Frau. Sie sollten mit Leuten in Ihrem Alter ausgehen."

„Bitte schimpfen Sie nicht mit mir. Das ist die Aufgabe von Mrs. Green und sie hat sie zur Perfektion gebracht."

„Toni, Sie kommen in ungefähr 10 Tagen nach Hause."

„Nach Hause kommen" — wie schön das klingt.

„Das wird Ihr Zuhause sein, so lange ich lebe, Toni, und es wird alles Ihnen gehören, wenn ich tot bin. Weinen Sie nicht, Sie dummes Mädchen. Sie müssen nun gehen, oder Sie werden zu spät kommen."

„Na gut, ich werde zu meinem Drachen zurückkehren. Ich hoffe, sie ist bereits in ihrem Käfig."

Die nächste Tage gingen ohne Aufruhr vorüber, außer daß ich ich immer ängstlich war, daß das neue Mädchen nicht käme, oder etwas anderes würde mich vom Weggehen abhalten. Aber nichts passierte und Mrs. Green nörgelte nicht einmal mit mir.

Mein letzter Tag bei Mrs. Green war gekommen. Ich fühlte mich so glücklich. Meine Sachen waren bereits gepackt. Ich zog meinen Mantel an und dankte Mrs. Green für all ihre „Freundlichkeit" und war weg.

Ich nahm einen Bus und kam gerade zur rechten Zeit zu einer schönen Tasse Tee bei Mrs. Burns an.

XVIII

Mein Geld ist beinahe völlig aufgebraucht, also muß ich heute unter allen Umständen irgend eine Stelle finden.

Draußen auf der Straße ist es nebelig — dieser dicke, schwarze Londoner Nebel. Der Bus ist sehr langsam. Er bewegt sich ein bißchen, dann hält er, dann fährt er wieder. Als ich bei der Agentur ankomme, ist es für eine Vorstellung schließlich zu spät.

Auch egal, ich hab einen Brief in meiner Tasche. Ich hatte auf eine Anzeige in der Zeitung, in der ein Dienstmädchen gesucht wurde, geantwortet, und an diesem Morgen erhielt ich eine Antwort von der Dame, die mich bat, mich in ihrem Haus vorzustellen... Gut, wo ist der Brief? Ich kann die Adresse nur erkennen, wenn ich genau unter der Straßenlaterne stehe.

„37, Oak Tree Lane. Nehmen Sie den Bus Nr. 21..."

Der Fahrer läßt mich am Ende der Six-Penny-Fahrt heraus, aber es scheint nicht der richtige Halt für die Oak Tree Lane zu sein. „Sie nehmen besser noch eine Penny-Fahrt mit dem Bus Nr. 82", sagt man mir. „Dann müssen Sie wieder fragen."

Dieser Bus bringt mich in die offene Heide. Ich steige aus, wo die Fahrt endet, und frage einen jungen Mann, wo die Oak Tree Lane ist.

„Geradeaus auf dieser Straße — die erste links."

Ich finde die Straßenecke, obwohl es nur eine schmale Gasse ist und es kein Schild gibt mit der Straße, die ich suche. Mein Glück ist dahin, kein Zweifel. Ich gehe zurück zur Bushaltestelle und frage bei einem Schaffner nach. Er weiß nichts. Ich frage eine Frau, die vorbeigeht. „Tut mir leid." Ich könnte mich hinlegen und auf der Straße weinen. Es ist so ein netter Brief und ich brauche eine Arbeit.

Dann erkannte ich den jungen Mann, den ich zuerst gesprochen habe — er kommt auf mich zu. Ein älterer Mann geht neben ihm und er sagt zu mir: „Wenn Sie es uns erlauben, können wir Sie zur Oak Tree Lane bringen. Der beste Weg von hier ist quer durch die Heide."

Ja, aber gerade hast du es mir falsch gesagt, nicht wahr? Und nun, da bist du wieder da mit einem Kumpel und bietest mir an, mich dahin zu bringen. Durch die einsame Heide an einem nebeligen Abend gehen! Eine Mädchenleiche wurde einst da gefunden...

„Es ist schon in Ordnung, junges Fräulein", sagte der ältere Mann. „Wir sind von der Polizei. Sehen Sie, hier ist mein Dienstausweis."

Er zeigte mir ein viereckiges Stück Leder, auf dem ich das Wort „Polizei" sehen konnte.

So machten wir uns auf unseren Weg durch die Heide. Es war in dem Nebel so still und einsam. Oh mein Gott, vielleicht bringen sie mich um. Es ist alles so gruselig.

Einer der Männer hält sein Licht über meine Schulter, um mir den schlechten Weg zu beleuchten. Ja, das ist sehr freundlich von ihm, aber ich bin sicher, daß er mich in den nächsten Minuten niederschlägt. Oder, vielleicht ist es Geld, was sie wollen. Dann haben sie sich die falsche Person ausgewählt oder etwa nicht? Aber ich will meine Handtasche nicht verlieren. Es war ein Geschenk von Mrs. Burns, meiner einzigen Freundin — eine wirklich schöne Tasche; ich hielt sie fest, ganz eng an mich.

Weiter gehen wir, ein Mann vor, ein Mann hinter mir. Überall Nebel, nichts ist uns nahe außer Nebel. Sie sprechen nicht, nicht einmal miteinander. Vielleicht sind sie am Ende ganz harmlos. Ich beginne zu sprechen: „Als Sie mir sagten, sie brächten mich zur Oak Tree Lane, Sie wissen es ja noch, da glaubte ich Ihnen von dem, was Sie sagten, kein Wort."

Ich brachte die Worte kaum heraus, ich dachte, das war ja wohl das allerletzte, was ich sagen sollte, ich Dummkopf. Aber der Mann vor mir stolperte ein bißchen, stieß einen Stein aus seinem Weg und murmelte etwas. Keiner von beiden antwortete.

Es ist wohl schon eine Viertelstunde vergangen, seit wir losgegangen sind. Sie hatten Zeit genug gehabt, etwas mit mir zu machen, wenn sie es wollten. Keiner konnte uns in diesem Nebel sehen oder einen Schrei hören.

Wir waren wieder auf einem Bürgersteig, Gott sei Dank. Wir kommen zu einem großen, hell erleuchteten Haus. „Da wären wir, Miss. Hier ist Oak Tree Lane Nr. 37. Alles zur Begrüßng bereit."

Ich gehe die Treppe hoch und klingele. Einige Minuten gehen vorbei. Keiner kommt. Alles zur Begrüßung bereit? Ich zweifle.

Zuletzt öffnete sich die Tür und ich fragte einen blonden jungen Mann, ob die Lady mich sehen möchte. Er führte mich in einen leeren Raum. Er hatte kaum die Tür hinter mir geschlossen, als ich mich auf den nächsten Stuhl niedersetzte. Das ist besser. Aber viel zu schnell mußte ich wieder aufstehen. Eine Frau kam herein.

„Lassen Sie sehen — wie ist Ihr Name?" sagt sie mir einer schnellen, schneidenden Stimme.

Das kann nicht die Lady sein, die mir den Brief geschrieben hat. Aber sie ist es... Und für mich ist es, als ob eine Katze einen Hund trifft — eine fette, gut gefütterte Katze und eine arme Kreatur von Hund, die um das Futter der Katze herumschleicht. Ich fürchte mich genauso vor dieser Frau, aber ich darf sie es nicht merken lassen, sonst wird sie ihre Klauen in mich schlagen. So versuche ich freundlich dreinzuschauen und hoffe, daß sie mich mag. Ich kann gerade jetzt nicht herumstochern und wählen, nicht wahr?

Sie hat so grausame Augen, sie scheinen durch mich durchzustechen. Wie ein Stahlmesser — das ist es, was sie ist — hart, kalt und scharf.

„Schauen Sie, mein Mädchen, sind Sie schnell?"

Ich hätte mir denken können, daß es das ist, was sie zuerst fragen würde. Ich bin nicht so schnell, aber was ich anfange, mache ich zuende. Doch bevor ich antworten kann, fährt sie fort.

„Ich bin sehr schnell und ich kann keinen neben mir aushalten, der den halben Tag braucht, um etwas zu machen."

Der junge Mann kommt wieder in das Zimmer. Er ist ungeduldig. Ich kann sehen, wie er der Frau Zeichen gibt, das Gespräch mit mir zu beenden, er klingelt mit dem Geld in seiner Tasche.

„Gut — wenn Sie bis Dienstag nichts von mir hören, dann warten Sie nicht länger."

Ich werde hier nicht länger warten, vielen Dank. Ich bin froh, daß ich gehe, wieder hinaus komme in die kalte Nacht, die für mich aber jetzt nicht mehr so kalt ist wie dieses Haus war.

So, dafür war nun die Fahrt und der schreckliche Gang über die Heide? Ich war so froh, daß ich die Frau zum ersten und letzten Mal gesehen habe, daß ich nicht einmal auf das Fahrgeld wartete. Aber egal. Noch habe ich mein Bett, mein eigenes Bett, um darin zu schlafen, und ich habe Geld genug, um bis zum Ende der Woche davon zu leben.

XIX

„Das macht nichts", sagte Mrs. Burns, als sie meine Geschichte hörte, „das macht nichts, Toni, Sie sind für ein paar Tage länger frei wie ein Vogel."

„Bis eine Katze wieder ihre Klauen in mich schlägt", antwortete ich.

ENDE.

Robert

Als ich noch ein kleines Mädchen war spielte ich im Garten mit noch andern kleinen Mädchen und Jungen. Wir spielten Wolf und Schafe, Nationen oder Heiraten. Vor letzterem hatte ich immer große Angst. Jeder Knabe hatte ein Mädchen zu wählen. Ich blieb immer übrig. Niemand wollte mich heiraten. Ich zeigte niemals meinen Spielgenossen, wie sehr ich gekränkt war. Ich war nicht häßlicher wie die Andern und auch nicht dümmer. Warum blieb ich immer übrig? Die Zeit verging mit Schule, Märchen lesen und Puppen spielen. Meine Puppen waren immer sehr arm. Ich nähte nicht gerne, weder für sie, noch für mich. In der Schule liebte ich die schlecht angezogenen Kinder auch viel mehr als die gutgekleideten. Ich war jedenfalls auch immer schlecht angezogen. Meine Eltern waren arm. Mein Traum war ein paar Halbschuhe zu besitzen. Ich hatte nur immer vom Schuster gemachte schlecht sitzende hohe Schuhe und die immer schrecklich drückten. Und dann wollte ich immer einen kleinen Raum für mich haben. Wenn er auch nur so groß wäre um einen Sessel hineinzustellen und einen Tisch, meine Puppe und ich. In Wirklichkeit mußte ich ein ganz kleines Zimmer mit meinen Eltern teilen. Meine Mutter kochte auch in diesem Raum. Wenn das Wasser kochte, dann schloß ich die Augen, um nur das Summen des kochenden Wassers zu hören. Dann dachte ich mir jetzt bin ich im Wald und der Wind fegt durch die Bäume. Einmal fiel ein Blumentopf von der Partei, die einen Stock höher als wir wohnten, in den Hof, ich lief schnell hinunter und klaubte die Scherben zusammen. Die Pflanze stellte ich in einen Milchtopf auf den Tisch. Ich betrachtete die Blume von allen Seiten und freute mich. Plötzlich klopfte es. Die Partei verlangte ihren Blumentopf zurück. Schweren Herzens nahm ich Abschied von der Blume. Im Winter durfte ich Eislaufen. Mein erster Blick in der Früh wenn ich aufstand war das Thermometer. Ich liebte das Eis die weiße weite Fläche. Auch hier sollte ich dasselbe erleben, was ich schon als ganz kleines Mädchen durchkostete. Mädchen liefen mit mir aber niemals Knaben. Einmal war ich darüber so unglücklich, daß ich mir an die Stirne griff, ob da nicht ein Kainszeichen wäre. Meine Freundin hatte immer eine Menge Jungen um sich herum. Es ist wahr, ich sprach wenig. Meiner Freundin genügte es wenn ich zu ihren Geschichten, die sie mir erzählte, schwieg, aber es genügte nicht den Jungen.

Einmal schlitterte ich wieder so allein am Eis herum, da kam ein zirka 16jähriger Junge auf mich zu und faßte mich bei den Händen und lief mit mir. Er war blond und hatte ganz strahlend blaue Augen. Er sieht so aus wie der Prinz aus dem Märchenbuch, dachte ich mir. Er lief auch wunderbar Eis. Robert war sein Name. Robert sagte mir, er wäre Kadett und hätte jetzt Weihnachtsurlaub und würde täglich auf das Eis kommen, ob ich auch kommen könnte. Ich sagte ganz glücklich ja. Wenn ich zu Hause oder in der Schule war, ich mußte immer an Robert denken. Ich fragte meine Mutter was das wohl sein mag, ich muß den ganzen Tag an den Knaben denken, mit dem ich auf dem Eis laufe. Meine Mutter lächelte gab mir

aber keine Antwort. Auch war ich sehr fromm, ich
betete Früh und Abends. In meiner Fantasie schrieb
ich immer in mein Herz den Namen Gott ein, jetzt
konnte ich nicht mehr. Die Buchstaben verwirrten
sich und es kam der Name Robert heraus. Außerdem
nach Schluß jeden Gebetes bat ich immer den lieben
Gott, er möge doch sehen daß ich in der Schule nicht
geprüft werde. Jetzt betete ich, Robert möge wieder
auf das Eis kommen.

Robert erzählte mir heute, seine Mutter kümmere
sich wenig um ihn. Sie liebe nur den jüngsten und
den ältesten Bruder. Ich wußte keine Antwort, ich
dachte mir eine Mutter liebe alle ihre Kinder gleich,
das ist doch etwas ganz selbstverständliches. Ich
dachte mir ich muß ihm auch etwas trauriges erzählen. Ich erzählte Robert von dem Tod meiner schönsten Puppe. Ich hatte eine wunderschöne Puppe und
einmal ging ich mit ihr in den Hof setzte mich auf
einen Stuhl, die Puppe rutschte von meinem Schoß
herunter und zerbrach ihr ganzes Gesicht. Alle Gliedmaßen sind heil geblieben, das Gesicht ist ganz kaputt. Ich werde niemals mehr so eine schöne Puppe
haben, denn diese hat mir ein Onkel geschenkt der
viel Geld hat. Jetzt macht mir meine Mutter immer
Puppen aus Stofflecken, aber die sind nicht so schön.
Meine schöne Puppe hat Haare gehabt und diese
haben nichts auf den Kopf, ist das nicht traurig.
Robert sagte er mag meine Freundin Alize nicht
leiden. Ich hatte Alize sehr gerne. Sie hatte immer
wunderbare Zuckerln. Und dann hielt ich sie für sehr
gescheit. Ich fragte Robert warum er Alize nicht
leiden kann, ich weiß es nicht, ich mag sie eben nicht

leiden. Ich erzählte das prompt Alize zurück, nicht aus Tratschsucht, sondern ich dachte mir, meiner Freundin muß ich doch alles erzählen. Ich sagte ihr auch Robert hätte mir gesagt, wenn ich nicht auf dem Eis wäre, so ist das so, wie wenn keine Sonne scheinen würde. Und ich bin seine Königin und er hat noch nie ein Mädchen so gerne gehabt wie mich, hat er auch zu mir gesagt. Alize bereitete mir mit ihrer Antwort einen großen Schmerz, weißt du ich kenne seinen großen Bruder und der hat mir einmal erzählt, Robert fange alles auf was er zu Hause hört, und das was er dir gesagt hat, ist bestimmt nicht auf seinem Mist gewachsen. Das wird wohl bestimmt einmal sein Vater zu seiner Mutter gesagt haben. Das ist die wirkliche Wahrheit, du brauchst gar nicht glauben, daß ich dir um Robert neidig bin. Außerdem ist er mir viel zu jung. Ich könnte doch niemals jemand gern haben der beinahe so alt ist wie ich, er müßte mindestens um 10 Jahre älter sein. Ich sagte Alize, es kann nicht jeder so gescheit sein wie du und mir gefällt Robert und wenn er auch das nachplappert was er zu Hause hört, er ist eben noch zu jung um eine eigene Meinung zu haben. Und ich kann nur jemand gerne haben, der so alt ist wie ich.

Ich war wieder auf dem Eislaufplatz, Robert war aber nicht da, den nächsten Tag auch nicht, was ist das nur. Ich sah seinen jüngsten Bruder auf der Straße, ich hielt ihn an und fragte, wo ist Robert. Robert ist von einem Wagen überfahren worden und gestorben. Gestorben, das ist doch tot. Ich dachte blos Puppen können sterben. Daß Menschen auch sterben können, wußte ich wirklich nicht. Wie kann die

Sonne scheinen, Robert ist doch tot. Regnen soll es, nichts als regnen. Ich mag auch nicht mehr leben, ich möchte zu Robert.

Nachwort

Frida (eigentlich Frieda) Ehrenstein wurde am 10.11.1894 geboren und starb am 7.1.1980. Sie war das vierte von fünf Kindern: der älteste, der bekannte expressionistische Schriftsteller Albert Ehrenstein, war fast acht Jahre älter, der zweitälteste Fritz (von den Nationalsozialisten ermordet) fünfeinhalb, der drittälteste Carl, ebenfalls ein nicht unbedeutender Schriftsteller und Frida zeitlebens (Carl starb 1967) am engsten verbunden, war zwei Jahre älter. Dreieinhalb Jahre nach ihr folgte noch Otto, der 18jährig im ersten Weltkrieg starb.

Im Rahmen meiner Studien zu Leben und Werk Albert Ehrensteins erforschte ich dessen Nachlaß, der sich in der Jewish National & University Library in Jerusalem befindet. Ergebnis meiner Studien ist meine 1986 erschienene biographische Arbeit über Albert Ehrenstein.

Neben dem Nachlaß Alberts (Ms. Var. 306) befindet sich in Jerusalem aber auch noch der noch um einiges umfangreichere Nachlaß Carls (Ms. Var. 430, nur einen Schrank weiter), den ebenfalls durchzuforschen eine immense so notwenige wie undankbare Aufgabe wäre. Innerhalb dieses Nachlasses enthält eine von 35 Mappen die mit dieser Edition veröffentlichten Erzählungen Fridas, die damit (bis auf eventuelle Zeitungspublikationen in den späten 30er Jahren) zum erstenmal gedruckt erscheinen.

Die Eltern

Die Familien Ehrenstein und Neuer stammen aus der Slowakei; der Vater Alexander (geb. 1857) ließ sich aufgrund seiner Anstellung als Brauerei-Kassierer im Wiener Vorort Ottakring nieder und lebte dort in relativ schlichten

Verhältnissen mit seiner dominaten und charakterlich sehr eigensinnigen Frau bis zu seinem Tode im Jahre 1925.

Alexander Ehrenstein ist als Person schwer faßbar, eher blaß, altruistisch sich stets unterordnend, immer bemüht aber eher hilflos, was das Ausüben von Herrschaft betrifft. Man meint, ihn in den zahllosen männlichen Randfiguren von Fridas Erzählungen wiedererkennen zu können, von denen (im Gegensatz zu anderen, immer eher von außerhalb kommenden männlichen Figuren) nie etwas Bedrohliches ausgeht.

In den frühen Tagebüchern Albert Ehrensteins aus den Jahren 1908-1911 finden sich einige charakterische Notizen über seinen Vater und dessen Rolle in Familie und Beruf:

die Eltern Alexander Ehrenstein (1857-1925)
und Charlotte Ehrenstein, geb. Neuer (1867-1941)

> „Daß Papa für die unendlichen Tugenden des Forträumens und Aufwischens noch keine Auszeichnung oder Prämie bekommen, ist genugsam verwunderlich."
>
> „Papa nervös, aufgeregt, fast zum Weinen geneigt, weil überarbeitet, die Kasse stimmt ihm seit 3 Tagen nicht."
>
> „Wenn man 99 mal gegeben hat und einmal nicht, ist man immer der schlechte sagte Papa zu Kuffner, Papa bekommt Tränen ins Aug."
>
> „Atavismus, erbliche Vertröstungen, zum Urgroßvater ‚Brauen sie nur, wir werden immer kaufen', zu Papa ‚Arbeiten sie nur weiter so Ehrenstein, sie werden es weit bringen.'"
>
> „Papa dachte daran, Großmama könne bei uns unten, in Glücks Wohnung wohnen. Frida bei ihr schlafen. Aber die Kellner, Friseurin, die den Läusen der [Brauereibesitzer] Kuffner näher steht, wird sie bekommen."
>
> „Papa, trotzdem er schon längst herausbekommen haben sollte, daß wir (Karl u. ich) erst bei Mamas Nahen aufstehen, weckt uns gleichwohl 20 mal."
>
> „Dummköpfen, Gott, den Eltern, der Regierung, Kaisern, Papa ist Gewalt über uns gegeben — wann werden die Menschen mündig werden (denn frei können sie nie werden)."
>
> „Papa gibt uns zu essen von seiner kleinen Portion."
>
> „Alle sind Egoisten bis auf Papa — der Altruist ist, uns aber jede Unterlassung vorquakt."
>
> „Papa sagt ‚ich gehe mich wärmen' wenn er ins Brauhaus geht. Erstens ist es bei uns kalt, dann wird er kalt behandelt."

Ganz anders stellt sich die Mutter in den Schilderungen sowohl Albert als auch Carl Ehrensteins dar:

> „Meine Mutter, die schön war und sehr belesen, wuchs als Dorfprinzessin auf, viel umworben im Schmuck ihres

langen dunkeln Haares und als die Tochter des vermöglichsten Juden [...] des Ortes."
"Böse Mutter, die Vater, Geschwister, Kameraden gegen mich aufhetzte".

„...hatte in einem kleinen Notizheft jede meiner Unfolgsamkeiten vermerkt, mit der Bitte mich zu bestrafen. (Das Heft mußte ich ihm [dem Volksschullehrer Pollak] vorweisen, wenn ich in die Klasse kam.) Von meinem 6.-10. Jahr fast täglich Großgeheul: ‚ich werd schon brav sein!'. Glückliche Kindheit." (Carl)
„Mama ‚Fünf (solche) Tiere soll man im Haus haben u. kaner bringt ä Kreuzer Geld nachhaus.'"
„Meiner Mutter, der Dorfprinzessin, Ehrgeiz hatte es mir nie verziehen, daß ich nicht Primus war, daß ich als Repetent ein Jahr verloren — hauptsächlich, weil sie selber meinen Fleiß bei den Professoren in Mißkredit gebracht hatte."
„Verlangt man was von Mama sagt sie ‚an Dreck', tut man nicht ihren Willen: kein Essen."
„Würde Polizei gegenüber aussagen, Mama sei hysterisch, Lügnerin, so gemein, daß ich mich nicht mehr darüber entrüste".
„Otto verschüttet Milch. Soll das am Boden verschüttete austrinken, wird von Mama mit Schürhaken geprügelt. Sagt, er lasse sich nicht hauen. Wird von 1/4 8 - 8 h mit Schürhaken geprügelt, weil Milch nicht trinken will."
„Kommt Mama herein, nimmt mir die Hefte weg, ich trete auf sie hinzu, sie schleudert die Hefte weg, eines reißt, sie gibt mir eine Ohrfeige, ich gebe ihr einen Faustschlag heraus; Papa wird geholt, sie sagt Herr Kuffner habe es gesehen, weibliche Lüge! und der Krawall geht los. Kennen sie das Friedensfest? Bei uns werden täglich (allwöchentlich allmonatlich) solche Friedensfeste gefeiert."

„Mama als Mädchen vielleicht gemein infolge von fluor albus, Onanie, Geiz, Hysterie, Hypochondrie, Menschenscheu, Größenwahn. Urgroßmutter sagte ihr: Sie Rindvieh was schlagen Sie meine Kinder. Ich: sie habe nicht unrecht gehabt, darob Krawall."
„Guter Kritiker – ich kann nichts dafür, meine Mutter ist die gemeinste Jüdin, die ich kenne."
„Du sollst dich aufhängen, aber auf eine besondere Art – sagt Mama zu mir. Als ich müd von Kriegsarchiv um 3/4 3 h nachhause kam, sollte ich mir selbst die Speisen wärmen, denn Mama lag untätig wie gewöhnlich am Sofa."
„Daß Mama [...] nie niedergeschlagen war, hängt damit zusammen, daß sie alles was von Familie in ihre Reichweite geriet, niedergeschlagen hat u. zwar so sehr, daß es ein großes Wunder ist, daß keiner von uns aus Haß homosexuell wurde!"
„...instinktiv stets bereit, mir zu schaden, wo sie mir irgend schaden konnte".
„Mama schimpfte mich solang, bis ich jedes Gefühl für Beschimpfungen außer Haus verlor."
„Wenn Mama um ein Haar gemeiner gewesen wäre – wäre ich vielleicht ein grosser Verbrecher oder Welteroberer geworden."
„Die primitivsten (Sprach)regeln, die für Sprache u. Benehmen gelten waren mir immer wie aller Takt u. Gefühl fremd." (Carl E.)

Wiener Kindheit

In einem etwas längeren Entwurf aus dem Jahr 1908 versucht Albert, die Auswirkungen dieser Kindheit auf seine eigene Sozialisation zu schildern:

„Ziemlich früh begann es mir an näherem Umgange mit Kameraden zu gebrechen. Mir wert gewordene Mitschüler zu mir kommen zu lassen und mich dadurch für mir angebotene Einladungen zu revanchieren, verwehrte mir die Ungastlichkeit und an Geiz grenzende Sparsucht meiner Mama, die, falls überhaupt, Butter und die Studenten zugemutete Milch mit einer Miene hereinbrachte, daß sie das Wiederkommen verlernten. So kam es, daß ich aus einer Art Scham alle Einladungen ausschlug und dadurch nicht bloß des heiteren Zeitvertreibes, den das Zusammensein mit Gleichaltrigen zu gewähren pflegt, verlustig ging, auch die mannigfaltigen Körperbewegungen und Laute zu erlernen, mit denen das Betreten des Territoriums einer fremden Familie von jeher verbunden war, durch automatische Anwendung dieser Signale von der zu frechen oder schüchternen Worten treibenden Befangenheit behütet zu sein, auch dies wurde mir nicht zuteil, ich vielmehr, um der Langeweile der Sonntagsnachmittage Herr zu werden, in ein endloses Lesen und Wiederlesen der nicht großen Anzahl mir zur Verfügung stehenden Bücher geworfen.

Jemals mich in einer größeren Gesellschaft bewegt zu haben, erinnere ich mich nicht. Äußerst selten kamen Verwandte und Bekannte zu uns: in der Hoffnung, dadurch zukünftige Besuche abzuwenden, erwiderte die Mutter niemals Visiten, ließ es an mehr als frugaler Bewirtung und mit Widerhaken versehenen Worten nicht fehlen, bis schließlich, wie gewollt, die Gäste ausblieben. Daß diese Verletzung der Besucherinnen, unter denen sich auch Gattinnen von Vorgesetzten ihres Mannes befanden, dessen Carriere nicht gerade nützen würde, die Kinder unbekannt mit den Gewohnheiten und Sitten der Nebenmenschen wie wild aufwachsen

mußten, das bedachte die Sparsüchtige nicht, auf einem Ohre taub, mit dem anderen mißtrauisch falschhörend, fand schließlich auch ihre Bequemlichkeit dabei ihre Rechnung, wenn sie sich die mit dem Aufmerken verbundene Anstrengung schenken konnte.
Wagte ich es doch einmal Schulgenossen zu mir kommen zu lassen und bestritt den Imbiß für sie aus den mein monatliches Taschengeld ausmachenden zehn Kronen, vereitelte die Mama meine Bestrebungen durch Verschluß von Tellern, Eßzeug, Lampen und Brot sowie Entwendung von Schachfiguren und Karten, Abdrehen des Gaslichtes. Nach ihrer Ansicht sollte ich lieber mit den Freunden spazieren gehen, und wenn eine Zusammenkunft bei mir schon nicht zu umgehen sei, diese nicht der Unterhaltung, sondern nützlichen Vortragsübungen und wechselseitigem Prüfen in den Schulgegenständen gewidmet sein sollten. Das wäre vielleicht noch zu ertragen gewesen, aber der Mangel an Verkehr in mit Mädchen versehenen Familien ließ bald ein Aufsprießen zarterer Neigungen nicht zu – von anderen Hindernissen abgesehen. Das Nichterleben solcher wie überhaupt die geringe Gelegenheit, Menschen kennen zu lernen machte später bei mir eine ersprießliche novellistisch=schriftstellerische Tätigkeit unmöglich und wies mich im Realen auf den entwürdigenden Verkehr mit nicht bloß in sozialer Beziehung tiefer stehenden weiblichen Organismen.
Solchem Verkehr lange widerstanden zu haben, ihn dann aufgenommen zu haben, übrigens in einem durch die knappen Geldverhältnisse bedingten Maße, trotz dem Abraten des Abstinenz predigenden Arztes, der von Moral redenden Mutter, die selbst mit 17 Jahren geheiratet hatte, bei des ist mir zum Vorwurf gemacht worden."

Aus der Perspektive Fridas existieren Schilderungen wie die nachfolgend zitierten aus Alberts frühen Wiener Tagebüchern der Jahre 1908-1911 natürlich nicht; dennoch ist sie, damals 13 bis 16 Jahre alt, als Angehörige des Haushalts immer im Hintergrund präsent, zuweilen auch genau beobachtet:

„Frida fürchtet sich allein.
Ich wollte meiner Schwester Frida von dem Erlöse beim Erdgeist einen Indianerkrapfen kaufen.
Frida & Otto, faul & frech.
Mama nach Kondolenz könnte ein Schinkenbein von Schwetz abholen, aber sie sagt, Frida solle es tun.
Frida sagte lästere nicht mit Gott.
Frida wettete absichtlich etwas unmögliches mit Alice um ihr Zuckerln kaufen zu können. Schön.

Gruppenbild, ca. 1901, Wien: untere Reihe Fritz, Otto, Albert und Carl, m. R. links Frida, o. R. 4. v. l. Charlotte Ehrenstein, rechts der Volksschullehrer Pollak (s.o., S.179)

Mama will Frida kein Geld geben, sage Frida, sie solle der Mama die Nase anstricken. Pädagogik." (aus Tb. XVI/4, ab Jan. 1909)
„Erst schreit Mama, Frida habe rote Hände, dann haut sie sie minutenlang auf die Knöchel." (XVI/17, Juni 1910)
„Frida wird sich taub nähen, wenn sie bei Mama nähen lernen wird.
Papa zu Frida: ich hau dir die Zähne ein.
Frida erhielt statt Sommeraufenthalts ¼ kg Chokolade." (aus Tb. XVI/18, Juli 1910)

In einem Bettelbrief an Frau Oppenheim (die Schwester des Brauereibesitzers) vom 19. 9. 1917 ist es kaum eine rhetorische Übertreibung, wenn Albert schreibt:

„Meine einundzwanzigjährige Schwester, seit Jahren durch die materiellen Mißverhältnisse genötigt zuhause als einziges Dienstmädchen zu funktionieren, ist auch ganz vergrämt, fast abgeschlossen von aller Welt, Aschenbrödel." (A. E., Briefe, S.172)

Während seines Aufenthaltes im Sanatorium (als simulierender Irrer, um dem Kriegsdienst zu entgehen) schreibt Carl (unter Alberts Namen) an Alexander E., 26. 4. 1918:

„Das Leben der Familie hat seinen berechtigten Sinn, leider verkannten wir ihn. Möge doch Mama bedenken, wenn sie sich vom Leben aussperrt, daß sie dadurch auch Dich und Frida vom Erlebnis des Erlebens des Lebens aussperrt und ins Kabinett sperrt. [...] Frida hat noch ein Anrecht auf Leben." (Briefe 181f.)

Die Schriftstellerin

Nach dem Tod des Vaters wird die Familie nach Berlin, Poststr. 10, übergesiedelt sein und dort auch zusammen gewohnt haben – bis auf Fritz, der zu jener Zeit heiratete und Carl, der 1928 nach London ging. Albert, der in jenen Jahren häufig auf Reisen war, schrieb ihm am 16.1.1929:

> Wenn Du Dir nicht in London die Freiheit erringst, kommst Du nie wieder aus dem elenden Käfig Poststr.! Es ist hier entsetzlich!

Am 3. Juni 1929, nach einer längeren Reise, heißt es:

> Mir bleibt auch nichts erspart, auch nicht die Heimkehr zu Mama. Frida leider immer noch einsam.

In den zwanziger Jahren schrieb Albert ein Gedicht für Frida, in dem er ironisch von ihrer passiven, träumerischen Lebensweise spricht – vielleicht, um sie aufmuntern, aufzuwecken, was auf gewisse Weise in diesen Jahren auch tatsächlich geschah:

> DIE TRÄUMERIN
> Für Frida
>
> Fest entschlossen, nichts zu tun
> Und mich davon aufzuruhn –
> Ich will nichts wissen, Träume sehn
> Und alles wird vorübergehn.

Bereits 1928, bevor Carl nach England zog, gelang es Albert, in Lugano ein Haus zu mieten und dort drei Monate zu wohnen. Dorthin lud er auch Frida ein:

Am 1. Juni bin ich wieder in Lugano, für 2-3 Monate, um dort den Roman zu schreiben u. zu diktieren (bis dahin hab ich mit chin. Lyrik zu tun), werde Juni, Juli, ev. August dort bleiben. Lessers nämlich u. Frida u. ich mieten für diese 3 Monate (ob Frida so lang bleibt, ist fraglich) Bondys Villa für insgesamt 300 M. (100 pro Monat). (22.3.28 an Carl)

Es kann vermutet werden, daß diese Schweizreise der Auslöser für Fridas schriftstellerischen Versuche gewesen

Frida zu Besuch bei Albert in Brissago 1933/34

ist; die Erzählung „Lugano-Berlin" schildert jedenfalls die Rückfahrt von jener Reise; vielleicht entstand auch schon „Die Schlange" zu dieser Zeit. Carl entwickelte schon früh den Plan, die Familie nach London zu holen (in einem Brief, der auch belegt, daß sich Fridas Verhältnisse seit 1918 kaum verändert haben):

13.6.1929 von Carl
Daß Frida an der Seite von Mama zur Jungfrau heranwachsen will ist sehr betrüblich, und auch, daß sie sich keine passende Partie sprechen will. Sie soll aber keineswegs mit der Einleitung von Bemannungsversuchen warten, bis wir sie hieher einladen können, denn wir sind vorläufig für ein Jahr auf unser unmöbliert gemietetes Zimmer festgelegt. Nächstes Jahr aber hoffen wir, so ich bei Putnam dank Deiner buchhändlerischen Hilfsaktionen avanciere, eine Wohnung samt Bad und Küche acquirieren und dann Frida samt ihrem inzwischen sich bereits beigelegten Gemahl gebührlich empfangen zu können. Also möge Frida ihre Berliner Bemannungschancen nicht wie bisher vernachlässigen oder ihr Herz an Objekte hängen, von denen sie bereits im voraus weiß — oder ganz insgeheim und dunkel ahnt — daß es nicht die richtigen sind. Ich riet Frida zu der Berliner Adler-Gesellschaft, wie ich glaube bereits vor einem Jahr, als ich also Maude noch nicht kannte, die mich in der hiesigen Adler-Gesellschaft kennen und lieben lernte. Möge Frida also mit den Greiners hingehen und beherzt trachten, mit vollen Segeln ins Leben zu schiffen statt sich daheim von Mama täglich nach allen Regeln der mütterlichen Kunst ansrnen [?] zu lassen.

Exilliteratur

Die Übersiedlung Fridas (und mit ihr auch ihrer Mutter, die bis zu ihrem Tod im Jahre 1941 ebenfalls dort lebte) nach London wird wahrscheinlich erst 1932 stattgefunden haben. Der nachfolgende Brief Alberts an Carl und Maude E. (16. 8. [1932?]) liest sich wie ein Kommentar zu Fridas Erzählung „Roßkur", die genau jene ersten Londoner Erlebnisse von Einsamkeit und Zufallsbekanntschaften zum Thema hat (oder Fridas Erzählung liest sich wie ein Kommentar zu Alberts Brief):

„für Frida weiß ich keinen Rat. Wenn sie sich wohl fühlt, soll sie natürlich in England bleiben – aber da dies vom Zufall der Bekanntschaften oder deren Ausbleiben abhängen wird, ist Rat, Hilfe, Prophezeiung etwas sehr fragwürdiges. Ich fürchte, sie wird in London wie in Berlin schwer der Einsamkeit entgehen. Im Allgemeinen erleben Menschen immer wieder das, was sie schon erlebt haben. [...]
Ich sehe in Deutschland einen trostlosen Herbstwinter kommen, da ich das schon für den Sommer voraussah, drängte ich Frida zur Reise. Auch in der relativen Einsamkeit ist Abwechslung gut, schon weil sie den Lebenswillen stärkt." (B 238f.)

Am 4.5.33 sprach Albert, der seit 1932 in Brissago ein kleines Haus bewohnen durfte und dadurch ein zuerst glückliches Asyl fand, eine Einladung an Frida aus, ihn in der Schweiz zu besuchen (B 263), die sie dann einige Zeit später wahrgenommen hat.

16.12.33 an Carl
„bin übermorgen bei Frida"

9.I.34 an Carl etc.
„Frida wird zwischen 15. u. 20. Jan nach London gondeln, möge sowohl Maude (englisch) als auch Dir u. Mama (deutsch) ihre Einladungsbriefe bald senden, nach Brissago."

Meine Lieben!

Ich freue mich sehr auf Euch Alle.

Herzliche Grüsse und gute Wünsche

Postskript Fridas zu diesem Brief (nicht unterzeichnet)

Bei diesem Schweizer Aufenthalt muß Frida ihre schriftstellerischen Pläne Albert gegenüber offengelegt haben, denn kurz danach begann er, sich für ihre Arbeiten einzusetzen, unterbrochen allerdings durch seine Reise in der Sowjetunion Anfang 1935:

17.4.34 an Carl
„Zwei Deiner Artikel, o Frida, liegen bei Prager Presse u. Zürcher Illustrierten. Die anderen versende ich gelegentlich." (B 273)

11.8. an Frida
„Liebe Frida, es freut mich, daß Wheen Deine Geschichten gut fand." (B 276)

4.III.35 an Carl (Moskau)
„Fridas Geschichten gefielen mir gut; ich sandte sie nach Norwegen [...]. Aus Prag erhielt ich Fridas Sachen leider zurück – und sonst habe ich doch keine Wirkungsmöglichkeit mehr!"

Liebe Orsola,

ich verzichte auf Deine Zahlen allerlei; vergeben. Brauchbar dürfte nur die Schlange sein, aber die mußt Du neu tippen – wie die meine Verbesserungen deines halber gut übersehen sollst.

Für die "Schlange" schick dann ein Ex. an Ludwig Winder, Prag I. Liliova 13 (Redaktion d. "Bohemia"); er ist mein Carl oder Hermann für Prag oder "Anzeige" peter! 2 Ex. schick nur, vielleicht kann ich es in der Zürcher u. in Pariser unterbringen. Die mutti ist frohes laden – ich brauche 10 Jahre, bis ich gedruckt werde, die Du schon so wohl und in diesem Jahrzehnte. Wie geht es Deinem Roman?

Herzlich
Hebert

22.8.35 an Stefan Zweig
„Gleichzeitig schicke ich Ihnen das Ms. Einer humoristischen Erzählung „Fritzi und Anton", die von meiner Schwester Frida verfaßt wurde, die mit 40 Jahren unter die Schriftsteller ging, plötzlich – als es am aussichtslosesten." (B 282)

15.10.35 an Frida
(siehe Kopie auf der gegenüberliegenden Seite)

Anf. 36 an Frida
„Die „Bohemia" wird „die Schlange" von Dir bald bringen." (B 285)

Die Lebens- und Publikationsmöglichkeiten für Albert (wie für alle jüdischen Emigranten, die zudem noch dem Kommunismus zumindest nahestanden), wurden jedoch für Albert zunehmend schwieriger und immer mehr zum Überlebenskampf. Schon Anfang 1933, als er völlig mittellos war, wird ihm Frida Geld gegeben haben; er wird zeitlebens nicht mehr in der Lage sein, es ihr zurückzuzahlen. Außerdem hatte sie Schwierigkeiten, nach der Schweizreise wieder nach England zurückzukehren. Carl machte ihm in einem Brief vom 21.5.39 hierzu (eine periodische Übung im Briefwechsel der Brüder) heftige Vorwürfe, unnötig heftig angesichts Alberts eigener Lage:

„Wegen Frida hat Tubutsch [Albert E.] eine schwere Schuld auf sich geladen. Sie wird dadurch nicht kleiner, dass er der geplünderten Jüdin 1936 freistellte, einen Bruchteil seiner Schuld im ihr völlig verleideten Berlin abzuesssen [...]. Er weiß natürlich nicht, daß sie das zweitemal nur mit Mühe hier zur Landung zugelassen wurde (und das war schon im Jänner 1934)"

Frida wird in England (wie vermutlich auch schon in Berlin) ihren Lebensunterhalt durch Arbeit in verschiedenen „Stellungen" verdient haben:

12.5.36 an Carl
„Gut, daß Frida was Richtiges fand!"

7.8.36 an Frida
„es tut mir leid, daß Du soviel Pech hast, wenn Du schon arbeiten mußt."

Nebenbei wird sie an ihrem „Roman" gearbeitet haben, von dessen Plan seit 1935 die Rede ist. Dieser Roman wird am Anfang eine Art Tagebuch ihrer Erlebnisse in der Arbeitswelt gewesen sein und wenn auch vielleicht nicht von Anfang an, so doch nach einiger Zeit in englischer Sprache verfaßt werden:

8.10.42 Albert an Frida
„Jedenfalls beneide ich Dich um Deine schriftstellerischen Fähigkeiten in englischer Sprache, denn bei mir wird es gewiß noch eine Weile dauern, ehe ich einen einwandfreien englischen Brief diktieren kann!"

Bald nach dem „Anschluß" Österreichs wird der Mutter die bisher noch zur Verfügung stehende Witwenrente gestrichen, so daß die Ehrensteins die Kriegszeit in karger materiellen Verhältnissen verbracht haben. In Fridas Erzählung ist von diesem Hintergrund allerdings mit keinem Wort die Rede.

Kein Neuanfang

Albert Ehrenstein, der sich 1941 nach New York retten konnte, war nicht in der Lage, einen Neubeginn als anglo-amerikanischer oder nach 1945 als deutschsprachiger Schriftsteller zu beginnen; Carl und Frida waren es auf ihre Weise ebenfalls nicht. Versuche Alberts, in die Schweiz zurückzukehren, scheiterten kläglich und führten letztlich zu seinem Tod im Jahre 1950.

Unter diesen Voraussetzungen, die allen damaligen Beteiligten gewiß nicht in dieser Deutlichkeit vor Augen standen, wird man nicht erwarten können, daß Albert sich ernsthaft für das Werk Fridas hätte einsetzen können wie er es vor 1939 immerhin noch versucht hat. Das persönliche Verhältnis war inzwischen abgekühlt, vielleicht wegen der von Carl immer wieder erwähnten Geldgeschichte (Albert war inzwischen mehr oder weniger Sozialfall) oder falschen Erwartungen auf seiten Fridas, die in ihrer Erzählung an einigen Stellen ziemlich unverblümt ihre Abneigung gegen den vermeintlich selbstsüchtigen Künstlerstand Ausdruck gibt.

22.10.45 an Carl
„Anteil [...] Frida überweisen, der ich hiermit herzlichst zum Geburtstag gratuliere, viel Glück in ihrer schriftstellerischen Laufbahn wünsche und auch sonst! Da ich von der schriftstellerischen Dame seit 2 Jahren direkt nichts gehört habe, wählt diesen Weg Euer [....] Albert"

Immerhin versucht er, seine schweizer Verbindungen wieder aufzunehmen:

10. 11. 45 an Carl
„Sollte noch ein Ex. Von Fridas Arbeit frei sein, schick

es, bitte, auch an Dr. Meier [Manesse-Verlag] wir alle können es ja dann verdeutschen."

Von dem harten Urteil im folgenden Brief kann vermutet werden, daß es Fridas schriftstellerischen Ambitionen vielleicht endgültig abgekühlt haben könnte:

22.3.46 an Carl
„Die Verfilmung von Fridas sich unaufhörlich am Ort bewegender, nie vorrückender Erzählung ist angesichts der filmischen Handlungslosigkeit eine Traumschnapsidee." (B 397)

Dabei tut man Unrecht, diese Äußerung als endgültig negatives literarisches Werturteil anzusehen; damit, daß Fridas Erzählung nicht dem entspricht, was Hollywood braucht, hatte er zweifellos recht.

Aus dem nachfolgenden Brief läßt sich erahnen, daß Frida das Scheitern ihrer literarischen Hoffnungen innerlich schwer getroffen haben könnte – mit dem letzten Satz meint Albert aber ebenfalls sich selbst:

2.6.46 an Carl
„Es tut mir leid, daß es Frida nicht gut geht, mehr noch, daß ich ihr leider nicht helfen kann. Ihr Zustand kommt wohl von Überarbeit und dem feuchten Klima Englands. Hoffentlich kann sie wenigstens Sommermonate über entlastet werden? Ihr Ms. sandte ich eingeschrieben zurück. Erfolglosigkeit ist an mehr Krankheiten schuld als man denkt."

Aus den restlichen, nur noch nichtliterarische Themen berührenden Briefstellen wird diese tiefe Resignation aller Beteiligten zwischen den Zeilen überaus deutlich:

6.xii.48 an Maude
„Sehr freut mich, daß Frida endlich naturalisiert ist und die ersehnten Dauerferien ab ein paar Jahren möglich sein werden."

7.iii.(49) von Carl
„Frida hat ihren Wunschtraum von einer schweizer Reise wieder aufgegeben und dürfte irgendwo in der Nähe von hier sich ein paar Wochen erholen. Sie fühlt sich sehr herunter und dürfte nicht allzu gut schlafen."

4.12.49 von Carl
„Fridas chronische Schreibfaulheit ist scheinbar unbehebbar."

Nach 1950 ist mir, da ich den Nachlaß Carls nicht studiert habe, über Fridas weiteres Leben so gut wie nichts bekannt. Während Albert Ehrenstein nach 1960 in literarischen Kreisen so etwas wie eine Renaissance erlebte, ist dies Carl Ehrenstein, der 1967 starb, nie auch nur ansatzweise gelungen. Frida hingegen war als literarische Person niemals präsent und niemandem bekannt.
Am 7. Januar 1980 starb Frida Ehrenstein, die bis zuletzt in Bromley/Kent wohnte. Mit ihr starb die letzte der Familie Ehrenstein, alle blieben ohne Nachkommen. In Jerusalem, wo bei ihren Werken auch eine genau gearbeitete Stickerei aufbewahrt wird, die sie angefertigt hat, wurde mir von den Bibliothekaren berichtet, daß sie die letzten Jahre ihres Lebens nicht mehr im Vollbesitz ihrer geistigen Gesundheit gewesen sein soll.

Uwe Laugwitz

Zu den Texten

Orthograhie und Zeichensetzung der originalen Texte von Frida Ehrenstein wurden bis auf kleinere Korrekturen beibehalten, um den ursprünglichen Eindruck von ihren sprachlichen Möglichkeiten nicht zu verwässern.

Die Schlange

Typoskript, Titel: „Frida Ehrenstein: Die Schlange. 185a, Widmore Road, Bromley, Kent. England." Darüber in der Handschrift Albert Ehrensteins: „Albert Ehrenstein Zürich Hadlaubstr. 82" (poste restante-Adresse Alberts in der Schweiz). Erwähnt in Briefen Alberts vom 15. 10. 1935 (möglicherweise handelt es sich um eine der dort angeregten Abschriften) und Anfang 1936; dort erwähnter Druck konnte nicht nachgewiesen werden.

Lugano-Berlin

Typoskript, Titel handschriftlich (von Carl E.?). Entstanden spätestens 1933, wahrscheinlich eher.

Frau Schuhmacher

Typoskript ohne Titel. Kleinere handschriftliche Korrekturen (Handschrift Carl E.?). Spielt in Berlin vor 1933, Entstehungszeit unbekannt.

Roßkur

Typoskript, handschriftlicher Titel (Handschrift Albert E.): „Irene Bogdal: Roßkur", darüber handschriftlich (Handschrift Frida E.): „Frida Ehrenstein." Das Alter der Erzählfigur (37 Jahre) deutet auf das Jahr 1931/1932 als Entstehungszeit.

Ich suche Stellung!

Typoskript; Anschrift wie „Die Schlange"; handschriftliche Notiz: „Baldiger Abdruck erwünscht! Albert Ehrenstein".

Ein Weekend

Typoskript ohne Titel. Offensichtlich aus derselben Abschrift wie „Die Schlange" und die anderen frühen Erzählungen.

Robert

Typoskript ohne Titel. Offensichtlich aus derselben Abschrift wie „Die Schlange" und die anderen frühen Erzählungen. Handschriftliche Korrekturen Fridas.

Nur die Nacht gehört mir.
Das Tagebuch eines Dienstmädchens

Originaltitel: „Only The Night Is Mine. The Diary of a Maid Servant By Toni Peters". Englischsprachiges Typoskript von 134 Seiten mit kleineren Streichungen (nur unbedeutende Stellen und Widerholungen) und gelegentlichen Korrekturen von Carl E. Auf der Titelseite steht zusätzlich: „Kindly return to: Albert Ehrenstein 60 West 94th Street New York City 25." Der Vorname Alberts und seine Adresse wurden nachträglich durchgestrichen. Zur Entstehungsgeschichte: die Einarbeitung von früheren Erzählungen („Roßkur", „Ich suche Stellung") in das Werk ist offensichtlich; schon im Brief Alberts vom 15.10.35 ist von einem Roman die Rede; am 8.10.42 beneidet er sie um ihre „schriftstellerischen Fähigkeiten in englischer Sprache", was bedeuten könnte, daß der Roman, von dem definitiv ab November 1945 die Rede ist, damals schon fertig vorlag. Weder ist Alberts damaliger Plan „wir alle können es ja dann verdeutschen" realisiert worden, noch haben Frida oder Carl Versuche in dieser Richtung unternommen.

Zur Übersetzung

Die Übersetzung von Frida Ehrenstein hat sich mehrere Jahre hingezogen, ich hatte zuviel mit der Hausarbeit zu tun, mit putzen, kochen, waschen und bügeln. Immer wenn ich mich ans Übersetzen machte, konnte ich mich gut in Frida hineinversetzen, da auch in meinem Tagesablauf die Tätigkeiten eines Dienstmädchens viel Zeit einnahmen – es gibt nur einen großen Unterschied: Sie mußte immer für Fremde arbeiten und ich tue es für meine Familie und mein Wohlbefinden, freiwillig.

Ich fühlte mit ihr und dachte, oh wie schrecklich, nichts anderes, kaum Geld und so gut wie keine Anerkennung. Wie hält man so ein Leben aus. Ausschnitte aus den Schicksalen verschiedener Menschen begegnen uns – die Frage nach dem Sinn des Lebens, nach dem Lebensglück wird oft gestellt. Die Kapitel des Buches sind recht gleichförmig, es passiert wenig im Leben der Frida, trotzdem liest man weiter, man hofft, am Ende wendet es sich zum Guten. Das tut es ja auch – im Alter wird sie durch das angekündigte Erbe von Mrs. Burns nicht im Elend leben müssen. Für mich scheint es ein Trost für den Leser zu sein, ich glaube nicht an diese Wendung in der Realität.

Als ich das Büchlein übersetzte wußte ich wohl, daß Frida die Schwester von Albert, dem Dichter war und Jüdin. Liest man die biographischen Notizen, so gerät die Problematik des Judeseins zumindest bei Frida doch in den Hintergrund. Schon 1932 wanderte sie mit Carl nach England aus; bedrückender finde ich die familiäre Situation, die alles erstickende Mutter, die bestimmt viel dazu beigetragen hat, daß sie ihr Leben ohne Mann und Familie (wonach sie sich ja wohl sehnte) als Dienende zubrachte. Ihre Rettung hätte vielleicht das Schreiben sein können, aber auch hier fehlte ihr der nötige Schwung, war sie durch ihr Leben als Dienstmädchen zu ausgelaugt.

Trotzdem gelangen ihr doch ein paar lesenswerte Geschichten. Besonders im „Tagebuch eines Dienstmädchens" spiegelt sich ja auch die vergangene Epoche wieder. Wer hat heute noch ein Dienstmädchen. Als ich klein war, hatte meine Großmutter noch ihr Röschen, die vormittags blau und rosa gestreifte Schürzen und nachmittags weiße trug, die in einem Zimmer unterm Dach wohnte, deren Arbeitszeit allerdings am späten Nachmittag endete, die etwas zu viel ins Kino ging (wie meine Großmutter fand), am Wochenende immer frei hatte, einen Verlobten besaß und so viel bei meiner Großmutter gelernt hat, daß sie nachher bestimmt eine gute Hausfrau wurde; aber diese Zeiten sind wohl vergangen.

Ina Laugwitz

Danksagung

Für die großzügige Erlaubnis, die Werke Frida Ehrensteins herausgeben zu dürfen, danken wir der Jewish National & University Library, Jerusalem. Alle hier abgebildeten Fotos, Manuskriptproben und teilweise unveröffentlichten Briefe und Tagebuchauszüge aus den Nachlässen Albert und Carl Ehrensteins befinden sich ebenfalls in Jerusalem und warten auf weitere gründliche Erforschung.

Für Hilfe bei der Korrektur und für gelegentliche Österreichisierung der Übersetzung danken wir Stefanie Holzer und Walter Klier.

Inhalt	Seite
Die Schlange	5
Lugano-Berlin	12
Frau Schuhmacher*	15
Roßkur	21
Ich suche Stellung!	24
Ein Weekend*	28
Nur die Nacht gehört mir	
Das Tagebuch eines Dienstmädchens	31
Robert*	171
Nachwort	176
Zu den Texten	196
Zur Übersetzung	198
Danksagung	200

* Titel von den Herausgebern